$I_m^2$

128 bis

# CLERGÉ & NOBLESSE DES LANDES

## ARMORIAL.

# CLERGÉ

ET

# NOBLESSE DES LANDES

## ARMORIAL.

### DEUXIÈME ÉDITION.

**Par le Bᵒⁿ De CAUNA.**

BORDEAUX

TYPOGRAPHIE Vᵉ JUSTIN DUPUY ET Cᵉ,

rue Gouvion, 20.

1864

# AVERTISSEMENT.

L'opuscule que nous offrons au public, et plus spécialement aux amis de l'archéologie héraldique, se compose de
deux classes de matériaux : 1° La réimpression des assemblées des trois Ordres de la sénéchaussée de Tartas, en
1651 et 1789 ; l'assemblée de Mont-de-Marsan, 1789 ; l'arrière-ban de Tartas, 1693 ; 2° les documents inédits, savoir :
arrière-ban de la sénéchaussée de Nérac, 1693 (*Archives de
Bordeaux*) ; Etat de la noblesse de la sénéchaussée de Marsan ; Etat des gentilhommes sujets au ban et arrière-ban,
Marsan 1693 ; Liste des gentilhommes à la revue de Langon, 1694 (*mêmes Archives*).

Le synode de Mᵍʳ Boutault, évêque d'Aire, du 9 mai
1647 ; des titres de Monval. Ces pièces des Archives dépar-
tementales m'ont été obligeamment communiquées par
M. Gras, qui les a fait copier, à la réserve de l'arrière-ban
de Marsan, transcrit tout entier de ma main et augmenté
de quelques notes mises entre parenthèses pour l'éclair-
cissement du texte, et concernant les familles de Vios et
de Sanguinet. Le blason de ces derniers, très insuffisam-
ment libellé, page 40, est reproduit à son ordre alphabé-
tique dans l'*Armorial*.

Au nombre des personnes ayant fourni des armoiries et titres de filiation, je remercie spécialement M. le Curé de La Glorieuse et M. l'abbé Jules Bonhomme ; leur part contributive est représentée par le nom de Lalande et la notice de Cours d'Arricau. Le blason de cette maison est celui des de Cours de Lussagnet et du Vigneau (*Armorial*).

Les titres et dessins à partir de la page 53 servent de complément à l'*Armorial des Landes*; l'œuvre de 1863 doit être mise en regard de ces additions nouvelles.

La notice DUHAUT est dépourvue de blason ; le seul cachet armorié existant entre nos mains, il y a dix-sept ans, s'est égaré à cette époque, et l'*Armorial de Guienne* est muet sur cette famille. Il n'en est pas ainsi des Archives de St-Sever, où son nom a une grande ancienneté et une véritable importance.

Le seigneur de Lescours, autrement dit M. de Rouffignac, tenait à la ville de Saint-Sever par plusieurs alliances avec les maisons de Salis, Marsan du Bourus, de Navailles Banos, etc. La mention de ses armoiries se justifie pleinement. En un mot, je me suis attaché à n'insérer dans cet opuscule que des familles véritablement anciennes et nobles par titres, ayant été convoquées à l'arrière-ban ou ayant voté en 1651 et 1789. Divers rameaux de la maison de Lescours sont dans ces catégories en Poitou et en Saintonge.

C'est ici le lieu de réparer une omission involontaire sur les Malartic. On a reproché à l'auteur de l'armorial les lacunes et l'inachèvement de son œuvre. Je ne sache pas qu'il existe en aucune province un nobiliaire complet. Combien de familles des Landes sont restées sourdes à l'appel des journaux et ont gardé pour elles le secret de leur blason et de leur noblesse ! L'*Armorial de Saintonge et Aunis*, par MM. de Bremond d'Ars et de la Morinerie, contient, page 268, ce qui suit :

DE MAURÈS DE MALARTIC. — Ecartelé au 1 d'or au chef d'azur chargé de trois étoiles d'or ; au 2 et 3 de sable à l'aigle éployée d'argent, becquée de gueules, qui est de Maurès ; au 4 de gueules plein qui est du Vivier ; sur le tout d'argent à la croix pattée pommetée de gueules, accompagnée au deuxième et au troisième canton d'une molette de sable, qui est de Malartic.

Et page 270 :

La famille de Malartic est aussi représentée par une autre branche séparée de la souche commune dès le XVe siècle, et à laquelle appartient notamment Jean-Baptiste-Emile-Henri-Camille comte de Malartic, sous-préfet de Châlons-sur-Saône, marié à Mademoiselle de Nettancourt, dont : Jean-Baptiste-Augustin-Maurice-Marie (1861).

Le comte Camille de Malartic Fondat est aujourd'hui sous-préfet de Bergerac. (Voir sur cette famille l'*Histoire des Landes*, de M. Dorgan, de Sainte-Bazeille et autres).

En complétant les documents héraldiques du pays des Landes, je m'efforcerai aussi d'éclaircir la topographie nobiliaire et religieuse. A cet effet, deux titres d'une sérieuse valeur sont sous les yeux du public. L'arrière-ban du Marsan, rédigé et écrit tout entier de la main de M. d'Aire, lieutenant-général, est une nomenclature complète des noms de lieux, de terres nobles et de personnes ayant fiefs, vivant noblement et faisant profession des armes ; qu'on le rapproche des hommages de Marsan publiés dans l'Armorial 1863, et des hommages et dénombrements du trésor de Pau de M. de Lagrèze ; et la géographie de la vicomté de Marsan, Tursan et Gabardan ne laisse presque plus rien à désirer.

Le synode de Messire Gilles de Boutault, indépendamment de sa portée spirituelle et théologique, offre un état du diocèse à Aire et de ses paroisses au commencement du XVII<sup>e</sup> siècle. S'il y a moins de détails que dans le verbal de Charles IX, du moins les grandes lignes du Tursan, Marsan et Chalosse se peuvent tracer avec certitude en marquant les limites de Dax, Lescar, Auch et autres diocèses voisins.

Je remercie tous les amis connus et inconnus, ceux dont je n'ai vu que les bienveillantes lettres, de la faveur et de l'indulgence accordées aux travaux sur les assemblées de noblesse et l'*Armorial des Landes*. Si la réédition de *Clergé-Noblesse* peut voir le jour, elle sera composée et exécutée avec une sévère sélection de sources et de documents et les soins que doit apporter un auteur qui se respecte et respecte le public.

B.-A. DE CABANNES B<sup>on</sup> DE CAUNA.

Cauna, 8 août 1864.

# VERBAL DE CONVOCATION

DES TROIS ÉTATS DE LA SÉNÉCHAUSSÉE DE TARTAS POUR LA
NOMINATION DE SES DÉPUTÉS AUX ÉTATS-GÉNÉRAUX.

(1651).

L'an mil six cent cinquante-un, et le second du mois de
septembre, étaient assemblés dans le parquet et auditoire
royal de la ville de Tartas, Maîtres Pierre Chambre, conseiller du Roi et son lieutenant-général au siège et sénéchaussée du dit Tartas ; Bertrand Chambre, lieutenant criminel ; Mathieu de Ladebade, lieutenant particulier ; Joseph
de Maurian, lieutenant-assesseur ; Jean Dubosc et Pierre
Dumartin, conseillers, et Pierre Ducamp, avocat du Roi au
présent siège ; où s'étaient aussi rendus les députés du
clergé, de la noblesse, les jurats de la dite ville, les officiers et juges des juridictions subalternes et autres députés
du tiers-état de la dite sénéchaussée, pour délibérer sur la
nomination des dits trois états de la duché d'Albret qui
seront envoyés à l'assemblée des Etats-Généraux convoqués en la ville de Tours, le huitième du courant. Par le
dit Ducamp, avocat du Roi, a été représenté que conformément aux intentions de Sa Majesté contenues en l'arrêt
de son conseil, donné à la diligence de Monsieur le baron
de Roquetaillade, sénéchal d'Albret, le huitième juillet der-

nier, par lequel entr'autres choses Sa Majesté casse et annule les nominations et élections des députés faites pour la duché d'Albret, contre l'usage ancien et accoutumé, et ordonne nouvelle convocation des dits trois ordres de la dite duché en ville de Nérac en la manière accoutumée, pour y être, les suffrages pris, et procédé à l'élection et nomination des députés qu'ils auront à envoyer à la tenue desdits Etats-Généraux; ledit Ducamp aurait fait lire à l'audience le susdit arrêt du conseil et icelui enregistrer èz registres du présent siège, comme aussi en a fait savoir la teneur à M. Pierre de Chambre, archiprêtre et curé de la présente ville, en qualité de syndic du clergé, et a encore fait signifier le même arrêt à tous les juges de la dite sénéchaussée et un appointement de la Cour de céans portant injonction aux dits juges subalternes de se trouver en la présente ville le premier du courant, afin de donner leurs suffrages pour les députés du tiers-état, et de donner avis à la noblesse de leurs juridictions de l'intention de Sa Majesté pour s'y trouver de leur part et y donner leurs voix et suffrages pour les députés qu'ils voudront choisir de leur corps.

A ces causes, a requis le dit Ducamp que les dits trois ordres de la sénéchaussée soient appelés à tour de rôle, l'un après l'autre et selon leur rang, par le greffier, et que pour éviter les contestations qui se pourraient former sur les préséances, il soit ordonné que l'ordre avec lesquels les dits Etats seront appelés ne pourra tirer à conséquence ni porter aucun préjudice aux privilèges, droits et prérogatives des personnes et juridictions qui seront appelées afin de donner leur suffrage. Pour ce faire, dire et requérir plus amplement pour le service du Roi et intérêt public ce qu'il verra être à faire; et lecture faite de l'arrêt du conseil, faisant droit sur le requis du dit Ducamp, avocat du Roi... Nous, lieutenant-général susdit, avons ordonné que le rôle des trois Etats du présent siège serait appelé par notre greffier à la manière accoutumée, pour être procédé à la nomination des députés ordonnée par le dit arrêt, sans que, néanmoins, l'ordre avec lequel ils seront appelés puisse nuire ni préjudicier à leurs attributs et privilèges, ni aux préséances qui pourraient appartenir aux personnes, maisons et juridictions.

## CLERGÉ.

Et ayant le dit greffier commencé d'appeler le rôle du clergé, Maître Pierre de Chambre, archiprêtre et curé de la présente ville et syndic du clergé, aurait représenté qu'il ne saurait être procédé à la nomination d'un député de leur Ordre en la présente assemblée, d'autant que la dite élection avait été déjà faite en la ville d'Acqs, capitale du diocèse, où le seigneur évêque, par ordre de Sa Majesté, avait convoqué tout le clergé de son diocèse, à laquelle nomination il persistait. De quoi, et ce réquerant, ledit Ducamp, avocat du Roi, nous, lieutenant-général susdit, aurions octroyé acte pour servir ce que de raison et ordonné que le député qui ira en la ville de Nérac informera l'assemblée de la déclaration du dit sieur de Chambre, syndic du clergé.

## NOBLESSE.

Ce fait, le rôle de la noblesse ayant été par le dit greffier appelé, Maître Alexandre Destouesse, procureur au présent siège, pour le seigneur marquis de Poyanne, baron de Gamarde, d'Onard, de Baylenx, Baylenx de Clermond, seigneur de Poyartin, Minbaste et Ordize, en vertu de sa procuration et au nom du dit seigneur marquis et pour ses dites terres, a nommé pour député de la noblesse de la duché d'Albret le dit sieur de Roquetaillade; et pour faire pareille nomination en l'assemblée qui se doit tenir en la ville de Nérac, a député en conséquence de sa même procuration le dit sieur Dubourg.

Le sieur de Bartharès, faisant pour le seigneur marquis de Vignolles, Prechacq et Casaubon, a fait pareille nomination du dit sieur de Roquetaillade et députation du dit sieur Dubourg, pour se transporter en la ville de Nérac et y faire nomination du dit sieur de Roquetaillade pour député de la noblesse de la duché d'Albret.

Le dit Destouesse, en conséquence de la charge et procuration qu'il a du sieur de Saint-Martin baron du Poy, Les Liers, Vic Gousse, Pontons et Rion, a fait au nom du dit sieur et pour ses dites terres pareille nomination et procuration que dessus; comme aussi en vertu d'autre procuration à lui baillée par le sieur Joseph Leblanc sieur de Labatut, pour la dicte maison noble de Labatut.

Et encore au nom du dit sieur Saint-Martin, pour la seigneurie de Lesgor, a fait pareille nomination et députation que dessus.

Le sieur de Maurian sieur de Carsen; le sieur de Vidart sieur de Soys; le sieur de Mérignac sieur de Malet et sieur d'Armentieu; le sieur Ducamp sieur d'Orgas et de Lassalle Dupoy ont pareillement nommé le dit sieur de Roquetaillade pour député de la noblesse d'Albret et le dit sieur Dubourg pour aller en la dite ville de Nérac et y faire en l'assemblée qui s'y tiendra pareille nomination.

Le même Destouesse, en vertu de sa procuration pour le sieur de Castandet sieur de la Monjoie et Camiade, a aussi fait pareille nomination; et encore le dit Destouesse, en vertu de sa procuration pour le sieur de Baffoigne sieur de Castillon, d'Auros, de Beauregard et Tauziède, et du sieur de Lié sieur d'Ages, le sieur de Mérignac en conséquence de sa procuration pour le sieur de Barbotan sieur de Carrits. Et encore le dit Destouesse pour le sieur de Montholieu, et pour le sieur de Lalande, pour la maison noble de Montholieu, et du dit sieur Lalande de Sabres ; Maître Bernard de Vios, fondé de procuration des sieurs de Mesmes, sieur de Gareinh, Sauboa et Langlade ; le sieur Dulon, juge royal de Sore pour les sieurs Robert et Bertrand de Gentes, en conséquence de sa procuration et pour les biens nobles qu'ils possèdent en la juridiction de Sore; le sieur Ducamin sieur de Mauléon et le sieur Dupuy, faisant pour le sieur de Lamothe et sa maison noble de Castets et Bonnefont ; le même Destouesse pour le sieur Dartiguenave sieur de Mistres, et pour le sieur de Saint-Martin pour les biens nobles qu'il possède à Mezos; Maître Jean de Lagoeyte, juge de Lesperon, faisant pour noble Jean de Biaudos sieur de Castéja, en vertu de leur procuration; et encore le dit Destouesse en conséquence de sa procuration pour le sieur de Borda pour la seigneurie de Brutails à Saubusse; le sieur de Sorhoette faisant pour le sieur de Bellepeyre et la dite maison noble de Bellepeyre, et pour le sieur Jean Leblanc sieur d'Angoumès; le sieur de Priret faisant pour le sieur de Guillemane sieur de Tosse; le dit de Vios pour le sieur de Saint-Martin sieur de Betuy et Brutails en Marenne ; et le sieur Destouesse pour le dit sieur Leblanc et sa maison noble de Lamothe; en conséquence de leur procuration ont fait pareille nomination que dessus de la personne du dit sieur de Roquetaillade pour député de la noblesse d'Albret, et du dit sieur Dubourg pour aller en la ville de Nérac et y faire semblable députation.

Le dit sieur Dubourg, en vertu de sa procuration et faisant tant pour lui que pour sa maison noble de Bourg que pour noble Robert du Poy sieur de Gayrosse; François Caillavet sieur de Montausé; Jean-Jacques de Saint-Martin sieur de Castaignon; Jean de Saint-Laurens sieur du dit lieu; Jean de Bedorède sieur de Bessabat; le dit Destouesse pour le sieur de Viaudos pour la maison noble de Biaudos, et pour le sieur Dupoy et maison noble du dit Dupoy; le sieur Dupruilh pour la maison noble d'Ibos et faisant pour le sieur de Veyres et le sieur de Horseru; et le même Destouesse pour le sieur de Saint-Martin, pour la maison noble de Saint-Martin et Laroque d'Ondres et pour le sieur de Lespès, lieutenant-général de Bayonne, pour les maisons nobles de Castets et Hureaux et pour le sieur de Baffoigne pour sa maison noble de Lalande; Cazaux, pour le sieur de Castelmerle pour sa maison noble d'Onard; le dit sieur de Bartharez pour la dame marquise d'Ambres en Auribat; le sieur de Lagardère pour la maison de Meyranx; de Bayle Lasserre pour le sieur de Canenx et seigneuries de Castelmerle; en conséquence de leurs procurations ont fait pareille nomination que dessus du dit sieur de Roquetaillade et députation du dit sieur Dubourg pour aller faire même nomination en la ville de Nérac.

Le sieur de Laluque pour sa maison noble de Boyrie et caverie de Gos; le sieur de Sescousse pour sa terre noble du Saumon; le sieur de Mancamp pour sa maison noble de Mancamp, ont aussi nommé le dit sieur de Roquetaillade pour député de la noblesse de la duché d'Albret et du sieur Dubourg pour aller en ladite ville de Nérac faire pareille nomination.

Et sur ce, ouï Ducamp, avocat du Roy, qui a requis acte de la nomination et députation faite par ladite noblesse et défaut des absents pour en pouvoir avertir Sa Majesté, acte aurait été octroyé de la nomination présentement faite de la personne dudit sieur de Roquetaillade, pour aller en qualité de député de la noblesse de la duché d'Albret aux États-Généraux, et que pour faire pareille nomination en l'assemblée qui se doit tenir en la ville de Nérac, le dit sieur Dubourg a été député par le corps de la noblesse du présent siège. Ainsi signé au rôle et cahier de la noblesse : Dupruilh, faisant tant pour moi que pour Messieurs de Veyres et Harsan ; Dulon faisant pour les sieurs Robert et Bertrand de Gentes ; de Bartharez pour madame la marquise d'Ambres et de Vignolles ; Hélie de Poy ; de Mancamp, de Sescousse, de Vidart, de Maurian ; Lagoeyte faisant pour le sieur de Castetja ; de Mérignac, tant pour lui que pour le sieur de Carrits ; Dupuy faisant pour le sieur de Lamothe ; Ducamp, sieur de Horgas et de Lassalle Dupoy ; Ducamin, sieur de la maison noble de Mauléon ; Destouesse, pour ceux qu'il a fait présentation et nomination, et desquels il a charge et procuration ; Caseaux en vertu de sa procuration ; Lasserre en vertu de sa procuration ; Vios en vertu de sa procuration.

## TIERS-ÉTAT.

Le rôle du Tiers-Etat ayant ensuite été appelé tant des officiers dudit sénéchal, des jurats de la présente ville, que des officiers des communautés et juridictions subalternes, ledit Ducamp, avocat du Roy, aurait dit que suivant la délibération qui a été faite en l'assemblée des sieurs officiers en la sénéchaussée et présent siège de Tartas, et le pouvoir qui lui a été donné, dont le registre demeure chargé, il nomme le sieur de Chambre, lieutenant-général au présent

siège, pour le député du Tiers-Etat de la dite duché d'A-
bret, et se trouver en la dite qualité à l'assemblée des
Etats-Généraux convoquée par ordre de Sa Majesté; et
pour rapporter la dite nomination et icelle faire en l'assemblée qui se doit tenir en la ville de Nérac, a député ledit
sieur de Chambre, lieutenant-criminel; Maître Guillaume
de Lasserre, avocat en la cour, jurat de la présente ville,
assisté des sieurs de Mérignac, Vidart et Cazeaux, ses col-
lègues, en conséquence de la résolution tenue en Conseil
de ville et pouvoir à lui donné, a fait pareille nomination
dudit sieur de Chambre, lieutenant-général, pour député
du Tiers-État de la duché d'Albret, et du sieur de Chambre, lieutenant-criminel, pour aller faire pareille nomination;
et ce, tant pour la dite ville de Tartas que pour les communautés de Saint-Genez, Lesgor, Ponson, Audon, Bégaa,
Carcarès, Beylongue, Saint-Yaguen, Carcen et Bost, composant la banlieue de la dite ville.

Maître Arnaud Dupriret, pour la juridiction de Marem-
nes et pour les communautés de Soustons, Tosse, Seignosse,
Sorts, Angresse, Benesse, Saint-Vincent de Tirosse, Saubion,
Saint-Geours en Maremnes.

Maître Jean Dupruilh, juge royal de Seignanx, et pour
les communautés de Saint-André, Saint-Martin de Seignanx,
Tarnos, Ondres, Saint-Etienne Daribelabourt.

Maître Louis de Corados, avocat en la Cour, et juge
royal de Brassenx et pour les communautés de Haut-Bey-
longue, Ousse, Villenave, Besaudun, Igos, Saint-Saturnin,
Suzan, Arengosse, Luglon, Arjusanx, Morcens et Garosse.

Maître Robert de Sorhoette, lieutenant de Saubusse et
pour les communautés de Saubusse, Laas et Angoumès.

Maître Jean de Lagoeyte, juge royal de Lesperon et pour
la dite communauté de Lesperon.

Maître Jean Deslix, juge de Castets et Léon en Marensin, et François de Labèque, lieutenant, pour les communautés de Taller, de Castets, Saint-Michel, Azur, Léon Moliets, Messanges et le Boucau-Vieux.

Maître Etienne Ducamin, pour les communautés de Linxe, Vielle, Lit, Escalus, Saint-Guirons, Ducamp, Maa, Mixe, Saint-Guirons de Lit.

Maître Germain de Bardin, juge de Poyanne et des communautés dudit Poyanne, Onard et Gamarde.

Maître Paul de Sanguinet, avocat en la Cour, en vertu de sa procuration et pour la juridiction de Gosse et communautés de Saubrigues, Saint-Martin de Hinx, Sainte-Marie de Biarotte, Biaudos, Saint-Laurent, Saint-Jean de Marsac et Orx.

Maîtres François Dembidonnes et André Lagardère, juge et lieutenant d'Auribat, et pour les communautés de Gos, Louer, Cassen, Laurède, Saint-Jours d'Auribat.

Maître Jacques Dulon, juge royal de Sore, et pour les communautés de Sore, Argelouse, Luxey, Calen.

Maître Jean Denthomas, lieutenant en la prévôté de Born et siège de Saint-Julien, et pour les communautés dudit Saint-Julien, Mezos, Bias, Mimizan, Gastes, Saint-Paul, Sainte-Eulalie, Parentis, Pontenx, Sanguinet, Biscarrosse.

Maître Bernard Destouesse, juge des terres du sieur baron de Poy, et pour les communautés de Saint-Jean et Saint-Pierre des Liers, Vic Gousse et Pontonx.

Maître Louis Daygrand, juge de Rion, pour la dite communauté de Rion.

Maître Blaise de Caseaux, juge de Pissos, Bern, Lipostey, Richet et Ichoux.

Vios, pour la juridiction de Labrit, et en vertu de sa procuration pour ladite communauté de Bert et Loussen.

Molia, pour la juridiction de.... en vertu de sa procuration.

Cazeaux, pour la juridiction de Labouheyre, Lue, Bouricos, Escource, Commensac et Trensac.

Maître Arnaud de Mancamp, pour la communauté de Préchacq.

Maître Pierre de Sescousse, juge de Laluque, et pour la dite communauté de Laluque.

Maître Etienne de Neurisse, juge de Laharie, et pour les communautés dudit Laharie, Onnesse et Sindères.

Maître Pierre Dubroca, en vertu de sa procuration pour les communautés de Clermont, Minbaste, Poyartin et Ordise, et pour la communauté de Mauco.

Maître Pierre Demartin, juge de Meillan, et pour ladite communauté de Meillan.

Tous les susdits juges, l'un après l'autre, en vertu de la charge et procuration qui leur ont été données en l'assemblée de leurs juridictions, ont nommé pour le député du Tiers-Etat de la duché d'Albret le dit Maître Pierre Chambre, lieutenant-général au présent siège de Tartas, pour aller, en la dite qualité de député, à l'assemblée des Etats-Généraux convoqués par l'ordre de Sa Majesté, et pour rapporter et faire semblable nomination en l'assemblée susdite par Monsieur le sénéchal d'Albret en la ville de Nérac, ont nommé ledit sieur de Chambre, lieutenant-criminel, donnant tout pouvoir au cas requis. De laquelle nomination et députation, ce requérant ledit Ducamp, aurait été octroyé acte et ordonné qu'il en serait dressé procès-verbal qui sera... Roi, en la présente sénéchaussée.

Copie en sera expédiée auxdits de Chambre et Dubourg, députés, pour être apportée audit Nérac.

Ainsi signés: Maître Chambre, lieutenant-général; Ber-

trand Chambre, lieutenant-criminel; de Ladebade, lieutenant-particulier; de Maurian, lieutenant-assesseur; Duboscq,
conseiller; Demartin, conseiller; Ducamp, avocat du Roi;
de Mérignac, jurat; Vidart, jurat; Cazeaux, jurat; de Bedora,
syndic: Lagoeyte; Dupruilh; Dupriret; Corados; Deslis; de
Mancamp; Ducamin; Sorhoette; Dembidonnes; Denthomas;
de Cazeaux; Dupuy de Sescousse; Labegue; Bardin; Dulon;
Destouesse, juge de Pontonx et Ezliers; Sanguinet, en vertu
de sa procuration; de Neurisse; Demartin, juge de Meillan;
Destouesse, pour ceux qu'il a comparu et dont il a procuration; Daygrand; Molia, en vertu de sa procuration; Dubroca,
en vertu de sa procuration; Vios, en vertu de sa procuration. Fait et passé ez auditoire royal audit Tartas, le dit jour,
mois et an que dessus. Signé audit verbal: Chambre, lieutenant-général; et à la marge, Ducamp, avocat du Roi.

## LISTE DES GENTILSHOMMES

*et autres subjets au ban et arrière-ban de la sénéchaussée
de Nérac (1693).*

MM. de Cauderoüe; Dupré a deux enfants lieutenants;
de Lalanne Maluin; de Besoles Jautan; de Lastoux; De-
bats; Dufàux; de Lespée; MM. Dulor Saint-Julien, l'un
capitaine d'infanterie, l'autre lieutenant dans Labastide;
d'Arconques; de La Tuque; de Latour; de Limoun; de Fau-
jan, un fils capitaine au régiment de Guiche; de Larroche
Gajean; de Monrepos; de Pedesclaux du Bournac; de Malide a un fils lieutenant dans le régiment de Labastide; de
Brizac, capitaine dans Navarre; Dulon du Basque; de Mazelières; Saint-Martin, capitaine au régiment royal des
vaisseaux; Depoul Labrune; MM. de Barrière, l'un capi-

taine de grenadiers dans Médoc, et l'autre capitaine de fusiliers ; de Lacassaigne ; Laffitte Bonpart a un fils capitaine ; Ducasse de Lacoture ; de Lafitte Candic, a un fils lieutenant dans le régiment de Guiche ; de Feulcartigue ; MM. de Feuliage, l'un capitaine de grenadiers dans Catinat, l'autre capitaine dans Bourbonnais ; Dutasta ; de Mazelières d'Anasan est dans les gardes du roi ; de Lamothe Dulon ; de Labastide, colonel dans les milices ; MM. de Labarthe Malide ; de Benier, capitaine ; Talance ; Dupleh, a un fils lieutenant dans Champaigne ; Villemontés ; Ducasse de Mazaret, lieutenant de cavalerie ; de Laborde ; de Labarthe Sauzest est capitaine ; MM. Dupoul frères ; Dutil ; du Roy du Mirail ; le chevalier de Flamarens ; de Courbian Mauvesin ; de Charron ; le chevalier de Montesquieu ; de Casteron, a un fils capitaine ; de Marche ; de Lassalle, capitaine de dragons ; de Lescout ; de Birac de Cazamon ; de Tirette ; de Maluin de Merlet ; de Juliac ; du Parquet ; MM. Ducos de Bourgade, l'un lieutenant de dragons de Fimarçon ; MM. Durefort d'Antièges ; Baylin ; Laborde Carderan ; Menlac ; de Salles ; de Pichard ; de Lignerottes ; de Peyralède ; Rogere de Mares ; Montesquy de Montgaillard ; Fabreau ; de Lisle Castelvieil ; de Lapeyrie, cornette de cavalerie ; Dandiran Caubios ; Dandiran Hardosse ; de Houvilliers de Monlezun ; Martinet de Cabusse est dans les chevau-légers ; MM. de Marquet, l'un capitaine des troupes réglées, et l'autre lieutenant de milices ; de Moncassin ; de Gajo ; de Torrebren ; de Levèze ; de Saint-Pau ; le chevalier de Saint-Pau ; de Ballade Saint-Simon ; de Bordes ; de Loustauneu ; MM. de Beaupuy ; MM. de la Gravette ; Lion ; Berès ; Balade du Puch ; de Labat ; La Brunetière ; de Feytis ; de Labarthe.

## LISTE DES GENTILSHOMMES

*et autres subjets au ban et arrière-ban de la sénéchaussée de Tartas.*

MM. le marquis de Poyanne, hors d'état de servir, à cause de sa jeunesse; le vicomte d'Uza; le comte de Bechade (de Belhade); le marquis dé Pontons, étant actuellement à Paris; le vicomte de Poudens, colonel d'infanterie; le sieur Vidart; le sieur Merignac; le sieur Argelouse; le sieur Vallié; le sieur Estingols d'Aunès (de Spens); le sieur Carrits; le sieur d'Agès; le sieur Lalande de Sabres; le sieur Merlan; le sieur Poy Cablane; le sieur Poy Capdeville; le sieur Castetja, mais il fait sa demeure à Dax; le sieur Luppé, inspecteur des milices bourgeoises; le sieur Lagoüeyte, maire de la ville de Dax; le sieur Laferrade; le sieur d'Oro a son fils au service; Saint-Pol de Lajas a son fils au service; Saint-Paul du Port; Saint-Paul Pigeon, peu propre à cause de ses incommodités; le sieur Le Beau; Saint-Pée, lieutenant du roy de Dax; Castelmerle, hors d'estat de servir; le sieur Junca, hors d'estat de servir; le sieur Deslou, capitaine de milice; Saint-Martin Castaignos, hors d'estat de servir à cause de ses incommodités; le sieur Montholieu, hors d'estat de servir à cause de son âge et de ses incommodités; le sieur Serres Poudens, hors d'estat de servir; le sieur Saint-Laurens; le sieur Gueyrosse, peu propre pour le service, il a deux frères au service; le sieur Biaudos; le sieur Saint-Pée de Gosse, fort peu accommodé; le sieur Saint-Martin Pinton; le sieur Norton; le sieur Dupuy Candresse, hors d'estat de servir;

le sieur Segonzac, fort peu accommodé ; le sieur Betuis ;
le sieur Mauré ; le sieur Dapremont ; le sieur de Goualard.
(*Arch. de Bordeaux,* 1693).

---

## EXTRAIT DES REGISTRES

DE LA SÉNÉCHAUSSÉE D'ALBRET AU SIÈGE DE TARTAS.

---

## VERBAL DE CONVOCATION

*Des trois Etats de la Sénéchaussée de Tartas pour la
nomination de ses Députés aux Etats-Généraux.*

(1789).

---

Jean baron de Batz, chevalier seigneur et baron de Sainte-
Croix, grand sénéchal d'épée du duché et pays d'Albret, à
tous ceux qui ces présentes lettres verront, salut : Sçavoir
faisons que cejourd'huy, vingt avril mil sept cent quatre-
vingt-neuf, quatre heures de relevée, dans l'église paroissiale St-Jacques de la ville de Tartas, en vertu de la lettre
du Roi et règlement y annexé, portant convocation des
Etats du royaume à Versailles, le vingt-sept avril courant,
en date du vingt-quatre janvier dernier, de la lettre du Roi
et règlement y annexé du dix-neuf février dernier, de notre ordonnance du dix-sept de ce mois ; assisté de Maître
Jean-Joseph Lafitte, procureur du Roi ; les trois Ordres
de la Sénéchaussée de Tartas, dûment convoqués, ont
comparu les membres du clergé, sçavoir :

# CLERGÉ.

Charles-Godefroi-Marie de Beaumont, archiprêtre et curé de la présente ville de Tartas, tant pour lui que pour Jean-Louis Duviella, chanoine et vicaire-général du diocèse de Lescar, comme abbé commendataire de Pontault, et encore pour Bernard Dubroca, prébendé de Pouy, par procuration des quatre et dix-huit courant. Jean-Pierre Larrouture, syndic des prébendiers de l'église collégiale de Tartas, tant pour lui que pour Claude-François Lallemand, vicaire-général du diocèse d'Acqs, comme abbé commendataire de l'abbaye royale de Villedieu, seigneur de Goos, suivant la procuration du dix-huit courant. Jean Massie, vicaire, pour Jean Bagieu, curé de Bégaa, par procuration du dix-huit courant; et encore pour l'abbé Batbedat, titulaire du prieuré de Schalosse, et syndic des prébendiers de Capdeville, et encore pour Jean Vergès, chanoine diacre d'Igos; Henry-Nicolas Duboys, vicaire, pour le chapitre d'Acqs, pour Jean Cantin, diacre de Saint-Vincent de Tirosse, pour les dames Sainte-Ursule d'Acqs, suivant les procurations du dix-neuf courant. Jean-Bernard-Lassalle, curé de Lier, tant pour lui que pour les dames Sainte-Ursule de la ville de Tartas, et pour Mathieu Desbiey, chanoine, comme diacre de Saint-Geours de Maremnes, par procuration du vingt courant. Ambroise de Vios, curé d'Audon et sous-diacre de Tartas, tant pour lui que pour Dominique Labrouche, curé de Luglon, par procuration du dix-huit courant. Jean-Yves Baffoigne, curé de Ponson; Ambroise Nolibois, curé de Carsen, tant pour lui que pour Michel Vigneau, chanoine, comme diacre et sous-diacre de Garosse, et Benoît de Saubion, par procuration du dix-neuf courant.

François Daubar, curé de Saint-Yaguen, tant pour lui que pour Guillaume Vidart, curé de Suzan et Saint-Saturnin, et Lesbazeilles, curé de Meilhan, par procuration des sept et dix-neuf courant. Bernard Brocha, curé de Beylongue, tant pour lui que pour Jean Napias, curé de Rion, et Jean Caubin, curé de Villenave, par procuration du dix-huit courant. Jean-Marie Pélissier, curé d'Arengosse, tant pour lui que pour Dominique Bouneau, curé de Morcens, et François Lescarret, curé d'Arjuzanx, par procuration du dix-huit courant. Jean Pascal Camiade, curé de Louer et Gousse, tant pour lui que pour Bernard Dayries, curé d'Ousse, par procuration du dix-sept courant. Jean-Joseph Lucat, curé de Vicq et Cassen, tant pour lui que pour Pierre Bonaventure Badière, curé d'Igos, par procuration du dix-neuf courant. Jean Camy, curé de Sabres, tant pour lui que pour Jean Dayries, curé de Trensac, par procuration du dix-huit courant. Jean Dufau, curé de Lesgor; François Affre, curé de Saint-Geours d'Auribat, tant pour lui que pour Pierre Lanusse, curé de Commensacq, et encore pour Gabriel Dufilho, curé de Garosse, par procuration du dix-huit courant. Guy-Thomas Planter, curé de Laurède, tant pour lui que pour Jean Planter, curé d'Onard et du monastère Saint-Bernard près Bayonne, par procuration du dix-huit et vingt courant. Mathias-Louis Laurans, prieur de l'ordre des Prémontrés de Divielle, tant pour lui que pour sa communauté, par procuration du dix-huit courant. Pierre Hector Dabadie, curé de Gamarde, tant pour lui que pour Mauvoisin, curé de Sort, par procuration du dix-huit courant. Jean Despouys, curé de Lüe et de Labouheyre, tant pour lui que pour Pierre Hosseleyre, curé d'Escource, par procuration du dix-neuf courant. Léonard Gouze, curé de Bouricos; Joseph Rigal, prieur de Poyanne; Bernard de Vios, curé prébendier, tant pour lui que pour François Soustra, curé de Clermont et Garrey, par procuration du dix-huit courant. Jean-Pierre Brun, curé de Castets, tant pour lui que pour Silvain Bergey, chanoine, comme diacre de Pontoux; et Jean-Baptiste Planter, chanoine, comme diacre de Léon, par procuration des dix-huit et dix-neuf courant. Jean-Louis Dupont, curé de Tarnos, tant pour lui que pour Jean Casajoux, prieur de Taller et Bort; et Louis Duprat, vicaire prébendier de Sara, par procuration du dix-huit et dix-neuf courant. Jean Mauléon, curé de Pontonx; Jean Bertrand Lassalle, curé de Saint-Jean et Saint-Pierre de Lier, tant pour lui que pour Jean Duplantier, curé de Saint-Geours de Maremnes, par procuration du dix-neuf courant. Jean Lanusse, curé de Saint-Etienne et du Bourg Saint-Esprit, tant pour lui que pour Jean-Joseph Lagrace, titulaire du prieuré de Saint-Barthélemy de Paludas en Seignanx, par procuration du courant.

Bernard Saubo, curé de Saint-Martin de Hinx, tant pour lui que pour Jean Lamothe Castaignet, curé de Biarotte, par procuration du dix-huit du courant. Jean-Baptiste de Vios, curé de Saint-Jean de Marsacq, tant pour lui que pour Destouesse, curé de Bénesse, par procuration du dix-neuf du courant. Augustin Nolibois, curé de Saubrigues, tant pour lui que pour Jean-Pierre Ducamp, curé d'Orx, par procuration du dix-neuf courant. Louis Vives, curé de Sainte-Marie; Jean-Joseph de Vidart, curé de Saint-Martin de Seignanx, tant pour lui que pour Raymond Larrieu, curé d'Ondres, et Antoine Miremont, curé de St-André, par procuration des dix-huit et dix-neuf du courant. Louis Ducamp, curé de Laluque, pour sa prébende et encore pour Jacques Sansoube, curé de Saubusse, par procuration du dix-neuf courant. Jean-François Dutertre, curé, pour Jean-Baptiste

Dupuy, prêtre bénéficier de Baresq à Poyanne, et Jean-Baptiste Planter, diacre de Garcen, par procuration des treize mars et dix-neuf courant. Père Toussaint Bruguière, gardien, pour les dames de Sainte-Claire de la ville d'Acqs, et Arnaud Lestage, curé de Moliets, tant pour lui que pour le commandeur de Malthe, pour la commanderie du Saint-Esprit et autres biens dans la sénéchaussée, et encore pour Lestage, curé d'Azur, et Duhart, curé de Soustonx, par procuration des premier août mil sept cent quatre-vingt-huit et dix-neuf courant. Saint-Jean, curé de Lit et Mixe, tant pour lui que pour Gravier, curé de Saint-Julien, suivant la procuration du dix-huit courant ; Germain Laborde, curé de Saint-Michel et Escalus, tant pour lui que pour Jean Portes, curé de Richet, et encore pour Pierre Lanavère, curé de Linxe, par procuration du dix-neuf courant. Joseph Chapelain, curé de Luxey et Calen, tant pour lui que pour Jean-Baptiste Brusse, curé de Pissos, et Dominique Lacouture, curé de Sore, par procuration du dix-neuf courant. Ledit sieur Camy pour Louis-Antoine de Vicq, curé de Lipostey, par procuration du dix-neuf courant. Ledit sieur Nolibois pour Jacques-Christophe Lamaignère, curé de Tosse, par procuration du dix-huit courant. Ledit sieur Despuys, pour Arnaud Caubin, prieur de Sindères, par procuration du dix-neuf courant. Soubiran, curé de Biaudos, tant pour lui que pour Jean Casenave, curé de Saint-Laurent, par procuration du dix-huit courant. Bertrand Ducanelle, chanoine du Saint-Esprit, tant pour son chapitre que pour Pierre Faugères, curé d'Argelouze, et encore pour les dames religieuses du bourg Saint-Esprit, par procuration du vingt courant ; Menou, curé de Messanges et Vieux-Boucau, tant pour lui que pour Lesplaces Castille, curé de Saint-Girons et Vielle, par procuration du quinze avril dernier. Fabian-

Marie Dousse, curé de Poyartin, tant pour lui que pour Pierre Lanevère, curé de Minbaste, et Pierre Laborde, curé diacre d'Onard, par procuration du dix-sept avril dernier. Jean-Louis Turon, curé, pour Jean Lansacq, chanoine, curé de Goos, par procuration du dix-neuf courant. (Folio 6. Supplément. *Clergé*).

---

*Procès-verbal de l'Ordre du clergé de la Sénéchaussée de Tartas, fait en présence de M. Lanusse, curé de Saint-Etienne, président ledit Ordre, ainsi et de la manière suivante :*

Le vingt-quatre du mois d'avril mil sept cent quatre-vingt-neuf, assemblés dans la salle des Cordeliers de la ville de Tartas, suivant la lettre de convocation, nous avons procédé à l'élection des scrutateurs par la voie du scrutin, pour lequel ont été choisis, comme plus âgés, Messieurs les curés de Saint-Vincent et Saubion, de Beylongue et de Biaudos, assistés du secrétaire ; lesquels, ayant ouvert et lu à voix basse les billets d'un chacun, ont déclaré à haute voix que le choix était tombé sur les curés d'Audon, de Laurède et Saint-Geours, et avons signé avec le secrétaire. Signés, Lanusse, curé de Saint-Etienne-lez-Bayonne, président ; Vios, secrétaire.

Le vingt-quatre du mois d'avril mil sept cent quatre-vingt-neuf, nous, curés et autres ecclésiastiques soussignés, composant le clergé de la Sénéchaussée de Tartas, assemblés dans une des salles des Révérends Pères Cordeliers de la présente ville, pour procéder à l'élection d'un député de notre Ordre aux États-Généraux, par la voie de scrutin, avons reconnu et reconnaissons Monsieur de Lanusse, curé de Saint-Etienne-lez-Bayonne, pour notre député, ayant été légalement élu par la voie du scrutin, auquel nous donnons tous pouvoirs généraux et suffisants pour proposer, remontrer, adviser et consentir tout ce qui peut concerner le besoin de l'Etat, la réforme des abus, l'établissement d'un ordre fixe et durable dans toutes les parties de l'administration, la prospérité générale du royaume et le bien de tous et chacun les sujets de Sa Majesté, lui assurant que, de notre part, nous tiendrons pour bon et agréable tout ce qu'il fera pour le bien de l'Etat ; faisant tant pour les présents que pour les absents, contre lesquels il a été donné défaut, et avons signé avec le secrétaire. Signés : de Beaumont, archiprêtre de Tartas ; Affre, curé de Saint-Geours d'Auribat ; Fauquier, curé ; Camy, curé ; Turon, curé ; Mauléon, curé ; de Vios, curé ; Crosat-Vives, curé ; Dabadie, curé ; Daubes, curé ; Saint-Laurens, prieur de Divielle ; de Vios, archiprêtre ; Nolibois, curé de Carcen ; Saint-Jean, curé ; Pélicié, curé ; Saubiran, curé ; Dupont, curé ; Lestage, curé de Moliets ; Baffoigne, curé ; Menou, curé ; Lucat, curé ; Lassalle, curé ; G. Laborde, curé ; Ducanelle, chanoine ; Brun, curé ; Nolibois, archiprêtre ; Camiade, curé ; Saubau, curé ; Ducamp, curé ; Dutertre, curé ; Dousse, curé ; Vidart, curé ; Brocha, curé commissaire ; Duviella, curé ; Despouy, curé ; F.-T. Bruguière, gardien et procureur fondé ; Planter, curé ; Rigal, prieur ; Bosc, curé ; Massie, vicaire ; Lanusse, curé de Saint-Etienne-Darribelabourt lez-Bayonne, député acceptant, et Devios, curé d'Audon, secrétaire de l'assemblée.

## NOBLESSE DE TARTAS-ALBRET EN 1789.

Ont ensuite comparu dans l'ordre de la noblesse de la Sénéchaussée de Tartas, les seigneurs hauts-justiciers d'icelle, gentilshommes possédant fiefs, et les gentilshommes non possédant fiefs, savoir :

Nous, grand sénéchal, pour la baronnie de Sainte-Croix ; le duc de Bouillon, duc d'Albret, en la personne de nous, grand sénéchal ; le prince de Chalais, pour le marquisat de Poyanne et autres terres, en la personne de nous grand sénéchal ; Messire Bertrand d'Antin de Sauveterre, chevalier, ancien major d'infanterie, chevalier de l'ordre royal et militaire de Saint-Louis, tant pour lui que pour la demoiselle Bethune Sully, pour le marquisat de Poyanne et autres terres ; et encore pour Messire Pierre d'Antin d'Ars, chevalier, ancien capitaine au régiment de Belzunce, baron de Sauveterre, Ars et Montfaucon en Bigorre ; baron et patron de Vielle, seigneur direct de Camiade, dans la paroisse de Tartas ; et pour dame Marie Duvaquier d'Aubagnan, veuve de Messire Louis de Maurian, écuyer seigneur de Carcen, mère et administreresse de ses enfants ; Messire et Joseph d'Arbo de Cazaubon, chevalier co-seigneur de Castera, tant pour lui que pour Messire d'Arbo de Cazaubon, son frère, écuyer, chevalier de l'ordre royal et militaire de Saint-Louis, co-seigneur de Castera ; et encore pour Messire Clair-Joseph de Cabannes, écuyer, seigneur baron de Cauna et de Mauco en sa partie ; Messire Dominique d'Arbo de Cazaubon aîné, écuyer, co-seigneur de Castera ; Messire Pierre d'Arbo de Cazaubon, chevalier co-seigneur de Castera ; Messire Bertrand de Batz, chevalier seigneur d'Armentieu, tant pour lui que pour noble Jacques-François de Saint-Paul, écuyer, ancien capitaine d'infanterie, co-seigneur de Lamothe, Saumon et Lier.

Messire Jean-Alexandre de Chambre aîné, chevalier, tant pour lui que pour Messire Bertrand Bachelier de Maupas, chevalier de l'ordre royal et militaire de Saint-Louis, ancien major d'infanterie, chevalier seigneur des terres de Castéja et Mezos; Messire Jean de Chambre, chevalier, capitaine au corps royal du génie, tant pour lui que pour Messire le vicomte de Bruyères Chalabre, vicomte de Maremnes, et encore pour Messire Jean-Julien de Vandufel, écuyer, chevalier de l'ordre royal et militaire de Saint-Louis, commissaire des guerres au département de Bayonne, seigneur des caveries de Gairosse et du Brana; Messire Bertrand de Chambre, chevalier, capitaine au régiment de l'Ile de France, tant pour lui que pour Messire de Verthamon, président au parlement de Bordeaux, pour ses terres dans l'étendue de la présente Sénéchaussée; Messire Pierre Grat de Chambre, chevalier, baron d'Urgons et seigneur de Saint-Genez.

Messire Gérôme de Ledoulx de Sainte-Croix, écuyer, tant pour lui que pour Messire Philippe de Ledoulx de Sainte-Croix, écuyer, son père; Messire Jean Curé Dumontier de Prissé, lieutenant-colonel au corps royal du génie, chevalier de l'ordre royal et militaire de Saint-Louis; Messire Jacques-Arnaud Ducamp Mellan, écuyer, seigneur de Manos et Lassalle Dupoy, co-seigneur avec Son Altesse Monseigneur le duc de Bouillon de la baronnie Darosse, maire perpétuel de la présente ville de Tartas; Messire Jacques-Armand Ducamp Mellan, chevalier, ancien garde du Roy, seigneur de Mellan, d'Orgas et de Sallieu; Messire Pierre de Mérignac, écuyer, seigneur de Mallet, tant pour lui que pour Messire Gabriel de Mérignac, chevalier, ancien capitaine d'infanterie, son oncle, et encore pour Messire le comte de Luppé, chevalier, seigneur de la caverie de Castets; Messire Jacques de Corados de Marsillacq, écuyer, ancien officier d'infanterie; Messire Jean-Jacques de Corados, chevalier, seigneur de Marsillacq et Arengosse, tant pour lui que pour Messire Fabien Ducourneau, écuyer, seigneur de Carrits de Villeneuve.

Messire Jean-Baptiste de Martiacq, écuyer, ancien officier d'infanterie; Messire Henry d'Oro, chevalier marquis de Pontonx, baron de Rion, Laharie et autres lieux, tant pour lui que pour Messire Michel-Joseph de Gourgues, chevalier, vicomte de Lanquais, baron de Rouaillan, seigneur de Gourgues, et Dame Marie-Catherine du Lyon, son épouse, baronne de Labatut, dans la sénéchaussée de Tartas; et encore pour Messire Henry-François-Léonard comte de Poudenx, maréchal des camps et armées du roi, pour Castillon et Besaudun.

Messire Jean-Marie de Vidart Soys, major d'infanterie, chevalier de l'ordre royal et militaire de Saint-Louis, tant pour lui que pour Messire Paul-Marie-Arnaud de Lavie, chevalier seigneur de la baronnie d'Ichoux et de la baronnie de Pissos, sénéchaussée de Tartas, président à mortier au Parlement de Bordeaux; Messire Jean-Jacques baron de Vallier, chevalier, seigneur de Bourg, chevalier de l'ordre royal et militaire de Saint-Louis, commandant du Château-neuf de Bayonne, tant pour lui que pour Messire Louis de Vallier, seigneur de Bourg, droits honorifiques et fiefs attachés à la dite seigneurie, et encore pour Messire François-Marc-Antoine de Gombault, seigneur de Rollye, Pontenx, Gaste et autres lieux; Messire Louis de Vidart, chevalier seigneur d'Estibes; Messire Jacques-

François de Saint-Martin, chevalier, seigneur de Brutailh et de Lassalle, et encore pour Messire de Saint-Martin, chevalier, baron de Capbreton son père, et pour Messire de Borda, chevalier seigneur de Josse, et encore pour Messire Joseph Laborde-Lissalde, chevalier; Messire Jean-Alexandre de Capdeville d'Arricau, chevalier seigneur d'Argelouse, tant pour lui que pour Messire Jean-Louis de Roll-Montpellier, écuyer, ancien major d'infanterie, chevalier de l'ordre royal et militaire de Saint-Louis, possesseur du fief royal de Montpellier, gros décimateur de Saint-Martin de Seignanx et seigneur de Constantin, et encore pour Messire Bertrand d'Antin, seigneur de Hon, major des vaisseaux du Roi; Messire Salvat de Bessabat, chevalier seigneur d'Orx, Bessabat, le Tey, Saint-Pée et Lamothe, tant pour lui que pour Messire Renaud de Saint-André, capitaine; Messire de Bessabat, chevalier; Messire Pierre-Joseph de Vios Lasserre, écuyer, ancien officier d'infanterie; Messire Henri de Vios Lasserre fils aîné, écuyer seigneur de Hontanx et avocat au Parlement de Bordeaux; Messire François Roux, chevalier de l'ordre royal et militaire de Saint-Louis; Messire Pierre-Joseph Dubroca. (Folios 44-45. Du 20 avril 1789, folios 46-47).

Et à l'instant où nous allions clôturer le présent verbal, s'est présenté le sieur Dupoy, avocat, lequel au nom du Tiers-État a réclamé qu'il fût fait lecture à haute voix du rôle de la noblesse ; à quoi ayant accédé et pendant que la dicte lecture se faisait, le dit sieur Dupoy ayant entendu nommer le sieur Ducamp Mellan, maire de la présente ville, et le sieur chevalier Ducamp Mellan, il a dit au nom de son Ordre qu'il réclamait ces deux Messieurs comme n'étant point gentilshommes ; après quoi ayant entendu successivement nommer les sieurs de Vios Lasserre père et fils, les sieurs de Marsillacq frères, le sieur Vidart d'Estibes et le sieur Dubroca, le dit sieur Dupoy a aussi réclamé que ces Messieurs fussent renvoyés dans la classe du Tiers comme n'étant point gentilshommes. Sur quoy après avoir interpellé les dits sieurs Ducamp, de Vios Lasserre, de Marsillacq, de Vidart d'Estibes et Dubroca s'ils n'avaient rien à répondre à la dite dénonciation ; lesquels ont répondu être prêts à produire leurs titres ; nous avons donné acte au sieur Dupoy de ses dénonciations. Et attendu qu'il est l'heure de huit heures du soir, et que, d'ailleurs, les trois Ordres n'étant pas divisés, ni par conséquent les commissaires nommés, avons renvoyé à prononcer sur les contestations de l'assemblée de demain ; et avons signé avec ledit sieur procureur du Roy et Joseph Dubayle, notre commis-greffier ordinaire. Signés à la minute : le baron de Batz, grand sénéchal d'Albret ; Laffitte, procureur du Roy et Dubayle, commis-greffier. (Fol. 47. Suppl. 1re f. 24 avril 1789).

Après quoi a comparu sieur Pierre-Joseph Deyris, bourgeois de la présente ville, lequel s'est plaint qu'il vient d'être maltraité en propos par le sieur Ducamp, cadet, bourgeois, se disant gentilhomme, dont il nous demande justice. Et par le Tiers-Etat a été dit que le sieur Ducamp ainsi que plusieurs autres particuliers de la présente ville s'étant mis dans la classe de la noblesse, quoique reconnus roturiers, il demande qu'il leur soit enjoint de rentrer dans le Tiers-Etat ; sur quoi nous avons ordonné que par quatre députés, qui seront présentement nommés à la pluralité des voix, la réclamation du Tiers et celle du sieur Deyris seront portées à la chambre de la noblesse et adressées à Monsieur le Grand Sénéchal, avec prière d'y avoir égard. Et à l'instant ont été nommés, d'une voix unanime, Messieurs : François Balthazar Darracq ; Laurent Baffoigne ;

Jean-Baptiste Dupoy et Louis Mauvoisin, lesquels se sont rendus à la chambre de la noblesse, et nous ont rapporté que par mon dit sieur Grand Sénéchal il leur a été donné acte de leur plainte et réclamation, et que l'ordre de la Noblesse s'occupera de donner au Tiers la satisfaction qu'il réclame. (Fol. 1, suppl.)

22 avril (fol. 6 et 7). Jean baron de Batz, chevalier seigneur et baron de Sainte-Croix, grand Sénéchal d'épée du pays et duché d'Albret, sur la délibération prise dans l'assemblée de la noblesse de la Sénéchaussée de Tartas le jour d'hier, vingt et un avril mil sept cent quatre-vingt-neuf, à la suite de la réclamation faite par le Tiers-Etat de Messieurs Ducamp, de Vios, de Corados Marsillacq, de Vidart d'Estibes et Dubroca, comme étant de leur ordre, il a été nommé quatre commissaires, savoir : Monsieur le baron de Vallier ; Monsieur de Bessabat ; Monsieur de Capdeville et Monsieur de Maurian ; lesquels, avec M. le Grand Sénéchal, ont eu charge de juger provisoirement, et conformément à l'article 42 du règlement, les preuves de noblesse de ceux de ces Messieurs qui ont été réclamés par le Tiers-Etat et qui jugeraient à propos d'en fournir. Messieurs Ducamp ont produit les preuves de leur descendance d'un de leurs auteurs qui assista comme noble à la convocation de mil six cent cinquante et un ; Monsieur de Vios père a produit plusieurs titres avec des qualifications nobles et un arrêt particulier du Parlement de Bordeaux qui maintient l'un de ses fils dans la qualité d'écuyer ; Messieurs de Corados Marsillacq ont aussi produit plusieurs titres, mais ils ont déclaré que dans le même objet de la vérification de leur état, les plus essentiels de leurs titres étaient à Paris ; Monsieur Dubroca a déclaré qu'il n'avait jamais eu la prétention d'être gentilhomme, et qu'il ne s'était présenté

dans cette assemblée que parce qu'il y avait vu entrer des personnes réclamées dont il croyait être le pair; quant à Monsieur de Vidart d'Estibes, il a exposé que l'état de sa famille était l'objet d'une contestation à la veille d'être jugée par le Roi en son conseil.

Dans l'impossibilité de prononcer en connaissance de cause sur le fond de cette question, nous ne pouvons donner que notre sentiment et nous croyons devoir admettre dans cette assemblée Messieurs Ducamp, Vios, de Vidart et de Corados Marsillacq, et nous supplions Sa Majesté de faire connaître à l'avenir les personnes qui, par leur état, ont droit de siéger avec la noblesse.

Ce rapport ayant été fait à l'assemblée générale de la noblesse, elle n'a pas cru devoir s'opposer à cette décision, mais on est convenu, à l'unanimité des voix, qu'à la première assemblée il n'y serait admis que ceux dont l'état serait constaté par un jugement du Roy.

A Tartas, le vingt-quatre avril mil sept cent quatre-vingt-neuf. — Signé, le baron de Batz, grand Sénéchal d'Albret. Et plus bas, le chevalier de Chambre, secrétaire de la noblesse. (Folio 7. *Extrait du livre des enregistrements de l'Hôtel-de-Ville de Tartas*, commencé le 20 décembre 1776 et fini le 5 mai 1789).

———————

*Député de la noblesse* : LE COMTE D'ARTOIS.

Des circonstances le forcèrent à y renoncer et fut remplacé par le baron de Batz, grand sénéchal de Tartas.

Le comte d'Artois écrit de Versailles, le 20 mai 1789, à Messieurs les gentilshommes d'Albret à Tartas la lettre qui suit :

*A Monsieur le baron de Batz, grand sénéchal à Tartas.*

« MESSIEURS,

» J'ai reçu par le baron de Batz, grand sénéchal à Tartas, l'offre
» flatteuse de votre députation. Croyez que mon cœur sait appré-
» cier les motifs touchants qui vous ont déterminé, ainsi que l'es-
» time et la noble confiance que vous m'avez témoignées.
» Mais des circonstances particulières me forcent absolument de
» renoncer au désir d'être votre représentant aux États-Généraux.
» Soyez bien sûrs que je serai plus ardent encore, s'il est possible,
» à employer tous les moyens qui sont en moi pour être utile à une
» province et à un ordre qui veut bien se lier à moi par les liens les
» plus touchants pour mon cœur. Enfin, Messieurs, un petit-fils
» d'Henri IV n'oubliera jamais ce qu'il doit au patrimoine de son
» aïeul.

» Je suis, Messieurs, votre affectionné ami,

» CHARLES-PHILIPPE. »

(Extrait des *Mémoires historiques*, de M. Saintourenx).

# ÉTAT DE LA NOBLESSE

## DE LA SÉNÉCHAUSSÉE DE MARSAN.

—

### VILLE DE MONT-DE-MARSAN.

Monsieur de Fillucat, jurat. — Monsieur de Junca d'Argelouze est aux gardes du corps. — Monsieur de Noncareilles de Bargues est aux gardes du corps. — Monsieur de Bordenave a un fils officier. — Monsieur de Lassalle, jeune homme, a un frère officier. — Monsieur Nozeilles. — Monsieur de Lartigue Nonères, capitaine au régiment de Lansacq. — Monsieur de Prugue est convoqué. — Monsieur de Mesmes a un fils officier. — Monsieur de Prugue Micarrère est hors d'état de servir à cause de sa maladie ; a trois frères, les deux capitaines, le troisième lieutenant, servant actuellement. — Monsieur le chevalier de Prugue a deux enfants au service, l'un estant officier. — Monsieur de Lasalle Cazaux. — Monsieur de Junca du Fray est incommodé de la goutte. — Monsieur Bertin est convoqué. — Monsieur Lasalle de Cère, le cadet est chargé d'enfants et incommodé. — Monsieur de Cafaget a deux enfants au service, dont l'un est garde du corps et l'autre lieutenant. — Monsieur de Prugue Cezeron est convoqué.

### BANLIEUE DE MONT-DE-MARSAN.

Monsieur le baron de Brocas a son fils lieutenant de dragons. — Monsieur du Lyon de Besle, capitaine de milice. — Monsieur le baron d'Agos est incommodé. — Monsieur Burriot.

## BASTILLE DE MARSAN.

Monsieur le baron de Marsan est lieutenant aux dragons. — Monsieur Talance (de Caumont) est chargé d'enfants et incommodé. — Monsieur Darzacq de Momuy. — Monsieur Saint-Go Deyts est convoqué (convoqué aussi en Saint-Sever). — Monsieur le vicomte d'Ambrux. — Monsieur de Lavidan. — Monsieur Chérit. — Monsieur de Nouaillan est incommodé. — Monsieur de Maignos est convoqué. — Monsieur de Blossier, sieur de Hournau ou Bournau. — Messieurs de Baudignan, sont deux frères, (de Caucabane). — Monsieur Saint-Orens. — Monsieur Richet. — Monsieur de Barteau du Sala, convoqué. — Monsieur de Tampoy Brocas. — Monsieur de Rimblès. — Monsieur le baron de Hontans (d'Aon). — Monsieur de Taret, seigneur de Loubens. — Monsieur de Gaubère a deux enfants officiers. — Monsieur Despalais, seigneur du Vigneau a son cadet capitaine. — Monsieur de Caucabannes a un fils officier. — Monsieur de Lassalle Plaisance. — Monsieur de Pausader, seigneur de Bachen. — Monsieur le baron du Lau. — Monsieur Bernard de Foix de Candale, baron du Lau, seigneur de Duhort, subdélégué de nos seigneurs les maréchaux de France dans la sénéchaussée de Marsan, Dax, Tartas et Saint-Sever, a un fils officier. — Monsieur Cuquerain est incommodé. — Monsieur de Natur est officier au régiment de Chartres. — Monsieur Dosque Petit Jean a deux enfants lieutenants, servant actuellement.

*(Archives de Bordeaux, 1545-1655.)*

# ÉTAT DES GENTILSHOMMES

*et autres personnes sujets au ban et arrière-ban dans la sénéchaussée de Marsan* (an 1693).

—

### DANS LA VILLE ET AVANLIEUE DU MONT-DE-MARSAN.

Monsieur de Mesmes, seigneur de Patience, a un fils au service, officier dans les troupes réglées. — Monsieur de Lugbardès, capitaine et commandant un bataillon dans le régiment des fusilliers. — Monsieur de Cafaget, seigneur de Hournieux a un fils au service, officier dans les troupes réglées. — Monsieur de Preugue, seigneur de Cezeron, maire de la présente ville. — Monsieur de Preugue Micarrère, seigneur du Bacquera, a trois frères ses puînés au service, officiers dans les troupes réglées, savoir : deux capitaines et l'autre lieutenant, auxquels il donne du secours de son fonds, lesdits frères ayant mangé leur légitime. — Monsieur de Prugue, fils de feu Monsieur le lieutenant-particulier.

Fᵒ 2. — Monsieur le chevalier de Prugue a deux fils au service, officiers dans les troupes réglées. — Monsieur de Prugue, seigneur de Caillau, est au service officier dans les troupes réglées. — Monsieur de Prugue, fils de feu Prugue le colonel. — Monsieur de Junca d'Argelouze est dans le service garde du roi. — Monsieur de Junca du Fray, impotant à cause de la goutte. — Monsieur Dagès est au service officier dans les troupes réglées. — Monsieur de Lassalle Plaisance le cadet. — Monsieur de Lassalle est au service capitaine dans les troupes réglées. — Monsieur le chevalier de Lasâlle. — Monsieur de Lasalle Cazaux, seigneur dudit lieu. — Monsieur de Lassalle Sainte-Croix.

Fº 3. — Monsieur le chevalier de Lassalle Sainte-Croix est au service lieutenant de cavalerie, — Monsieur de Bordenave Nuncareilles, seigneur de Bargues et Noncareilles, est au service garde du roy. — Monsieur de Bordenave de Bargues a un fils au service officier dans les troupes réglées. — Monsieur le baron de Brocas, seigneur de Jupoy, a un fils au service officier dans les dragons. — Monsieur de Bourdens, seigneur de Rimblès. — Monsieur le baron d'Agos, nouveau converti. — Monsieur de Lyon, seigneur de Besle, capitaine, pour le chevalier de Lyon son frère, capitaine dans les troupes réglées. — Monsieur de Bezoles, seigneur de Gaube.

Fº 4. — Monsieur de Bezolles, seigneur de Lagraulat. — Monsieur de Bertin, major des compagnies bourgeoises. Monsieur de Castera, surnommé Capitaine, a un fils au service dans les troupes réglées. — Monsieur de Nouzeilles. — Monsieur de Filloucat, seigneur de Miredé. — Monsieur de Lartigue, sieur de Nonères. — Monsieur de Bordes est au service officier dans les troupes réglées.

Fº 5. — Monsieur de Lartigue sieur de Nonères, capitaine de milice dans le régiment de Lansacq. — Monsieur de Tastet Lagrave est au service capitaine et commandant un bataillon dans le régiment des fusilliers. — Monsieur le chevalier de Tastet Lagrave. — Monsieur de Castera Labarrère. — Monsieur de Poyferré, seigneur de Benauges. — Monsieur de Burriot, sieur de Mouret.

*Ceux qui font profession de porter les armes et vivant noblement dans ladite ville :*

Le sieur Brahène Duho. — Les sieurs Brahène, trois frères officiers dans les troupes réglées. — Le sieur Baché (de Cist Baché) a deux fils au service officiers dans les troupes réglées. — Le sieur de Cist a un fils au service officier dans les troupes réglées. — Le sieur de Largelère (de Cist de Largelère). — Le sieur Lafargue Casalis a un fils au service dans les gardes du roi. — Le sieur Labarthe.

Fº 6. — Le sieur Compaigne. — Le sieur de Bordenave Lamarque. — Le sieur Lafitte Macau.

### JUSTICES ROYALES RESSORTISSANT AU SÉNÉCHAL DE MARSAN.

#### *Juridiction de Roquefort.*

Le sieur Deitz de Syngo (Deits de Saint-Go, convoqué en St-Sever). — Le sieur Serre Gourgue. — Le sieur de Persillon de Jourets, seigneur de Cachen.

Fº 7. — Le sieur Lalanne Caumon. — Le sieur Labarchède. — Le sieur de Canteloup, capitaine d'une compagnie bourgeoise à Roquefort. — Le sieur de Compaigne, capitaine d'une compagnie bourgeoise audit lieu. — Le sieur Duprat. — Le sieur Sarraute. — Le sieur Persillon Daugeron.

#### *Juridiction de Saint-Justin.*

Monsieur le vicomte d'Ambrux. — Monsieur le baron de Moumeuy (Momuy), — Monsieur de Labidau, seigneur de Hortose, nouveau converti. — Monsieur de Labidau Batz, nouveau converti. — Monsieur de Batz, seigneur de Gontaud, nouveau converti. — Monsieur du Hillet a trois enfants au service, nouveau converti. — Le sieur de Labat.

Fº 8. — Le sieur Bias, capitaine d'une compagnie bourgeoise. — Le sieur Larroque, nouveau converti. — Le sieur Campaigne. — Le sieur Landrieu, nouveau converti. — Le sieur Larqué Destrac, nouveau converti. — Le sieur Larqué Jouandoux. — Le sieur Lalande, nouveau converti.

## *Juridiction de Villeneuve de Marsan.*

Monsieur de Bartheau de Maurignan. — Monsieur du Bartheau du Sala. — Monsieur Dartix de Luzan est au service capitaine dans les troupes réglées.

Fº 9. — Le sieur de Castaignet, capitaine d'une compagnie bourgeoise. — Le sieur Lassègue. — Le sieur de Bergougnan. — Le sieur Ducournau du Gagera.

## *Juridiction de Grenade.*

Monsieur de Cucurein. — Monsieur de Parabère. — Monsieur de Brassenx, sieur du Caillibet. — Le sieur du Poy, sieur dudit lieu. — Le sieur Ducournau Nanté, capitaine d'une compagnie bourgeoise. — Le sieur Darmé Courrèges.

Fº 10. — Le sieur Vincens Landot a un fils au service dans les troupes réglées. — Le sieur Dosque Petit-Jean a deux enfants au service dans les troupes réglées. — Le sieur Vincent Descalé. — Le sieur Dosque Thoulousen. — Le sieur Dosque de Blanquefort. — Le sieur Dartigues a un fils au service officier dans les troupes réglées. — Le sieur de Lhaux. — Le sieur Dosque Parisien a un fils au service officier dans les troupes réglées. — Le sieur Ducournau Dantichan a un fils au service officier dans les milices de Lansac. — Le sieur Daubaignan le cadet, capitaine d'une compagnie bourgeoise. — Le sieur Ducournau Lure a un fils au service officier dans les troupes réglées.

## Fº 11. — *Juridiction de Cazères.*

Monsieur de Caucabane. — Monsieur de Gaubère Bruilhet a deux enfants au service officiers dans les troupes réglées. — Monsieur de Caucabane fils. — Monsieur de Plaisance Lagni. — Le sieur Dubos. — Le sieur de Mibielle. — Le sieur Laforès ou Laforce.

*Juridiction de Gabarret. — Vicomté de Gabardan.*

Monsieur de Labastide, seigneur de Lavalé. — Monsieur de Maignos, seigneur de Melignan, inspecteur des compagnies bourgeoises de Marsan.

F° 12. — Monsieur le chevalier de Podenas. — Monsieur de Baudignan, seigneur dudit lieu. — Monsieur Daignelous. — Monsieur de Laserrade. — Monsieur de Bourneau. — Le sieur Lateulère. — Le sieur Richet. — Le sieur Caumale. — Le sieur Nouaillan. — Le sieur Dadou, capitaine d'une compagnie bourgeoise. — Le sieur Jourdau Lagirounde.

F° 13. — Le sieur Loujadet. — Le sieur de Labarque Sauviac. — Le sieur de Pomadère. — Le sieur de Madiran. — Le sieur de Saint-Orenx. — Le sieur de Casterens. — Le sieur de Brossier. — Le sieur de Caucabane.

## JUSTICES DES SEIGNEURS RESSORTISSANTES DU SÉNÉCHAL DE MARSAN.

### Juridiction de Hontans.

Monsieur le baron de Hontans, seigneur dudit lieu et de Peyrelongue.

### Juridiction de Loubens.

Monsieur de Loubens, seigneur de Loubens, nouveau converti.

### F° 14. — Juridiction de Renun.

Monsieur le baron de Fortisson, seigneur dudit lieu. — Messieurs de Buros, trois frères, deux au service officiers dans les troupes réglées et l'autre au propre de s'enrôler au service dans les mousquetaires. Ces seigneurs étaient de la famille de Sanguinet de Tartas : noble Jacques de Sanguinet, seigneur de Buros, en 1654 (*Clergé et noblesse des Landes*, p. 111), et Pierre de Sanguinet, seigneur de Buros, en 1671 (*Armorial*, p. 16, 1re édition).

### Juridiction de Duhort.

Monsieur le baron Dulau, seigneur dudit lieu, a un fils au service officier dans les troupes réglées. — Monsieur le chevalier de Fargues (de Cloche).

### Juridiction du Vigneau et Lussaguet.

Monsieur du Vigneau (de Cours), seigneur dudit lieu.

### Juridiction de Bachen.

Monsieur de Pausader, seigneur dudit lieu.

### Juridiction du Frèche.

Monsieur Tampoy, seigneur dudit lieu, nouveau converti. — Le sieur Palu. — Le sieur Duprat Deyres.

### Fo 15. — Juridiction de Perquie.

Monsieur de Mesmes, seigneur dudit lieu et de Ravignan, est dans le service capitaine de dragons.

---

## ESTAT DES GENTILSHOMMES

*et autres personnes qui ont des terres ou des fiefs en Marsan, mais residant dans d'autres sénéchaussées.*

Monsieur le baron de Campet, seigneur dudit lieu en Saint-Sever de Geloux et de Garein en Marsan, réside dans

la maison noble de Campet, sénéchaussée de Saint-Sever.
— Monsieur Daubagnan, seigneur dudit lieu en Saint-Sever et de Lartigue en Marsan, réside dans la maison noble Daubaignan, sénéchaussée de Saint-Sever. — Monsieur le baron Darricau (Antoine Augustin de Poyferré de Varenne), seigneur dudit lieu en Saint-Sever et de Maignos en Marsan, réside dans sa maison noble Darricau, sénéchaussée de Saint-Sever. — Monsieur le vicomte de Juliac, seigneur de Gaillères en Marsan, réside à Juillac, sénéchaussée de Saint-Sever. — Monsieur de Lahouse, seigneur de Lahouse en Marsan, réside à Saint-Sever. — Monsieur de Junca, seigneur de Campaigne en Marsan, réside par temps à Saint-Sever et par temps à la seigneurie de Campaigne.

Monsieur de Brassenx, seigneur dudit lieu en Marsan, réside à Ayre, sénéchaussée de Saint-Sever. — Monsieur de Chars, pour sa part de la seigneurie de Cadrieu en Marsan, réside à Ayre, sénéchaussée de Saint-Sever. — Monsieur de Hajudet, seigneur dudit lieu, réside à Ayre, sénéchaussée de Saint-Sever. — Monsieur de Bios (de Vios), pour la maison noble de Vivent, réside à Tartas.

---

## ESTAT DES GENS DE ROBE

*qui possèdent des baronnies et des fiefs dans la sénéchaussée de Marsan.*

---

Monsieur de Gillet, marquis de la Caze en Gabardan, président à mortier au Parlement de Bourdeaux, réside à Bourdeaux. — Monsieur de Lassalle, conseiller du roy au Parlement de Bourdeaux, baron de Roquefort de Marsan, réside à Bourdeaux. — Monsieur de Filhot, conseiller du roy audit Parlement, baron d'Ognovas en Marsan, réside à Bourdeaux. — Monsieur Ducamp, avocat en la cour pour la seigneurie de Mellan en Marsan, réside à Tartas. — Monsieur de Sanguinet (deux Messieurs de Sanguinet exerçaient alors la profession d'avocat), advocat en la Cour, possède fiefs en Marsan.

Monsieur de Loubère (noble Alexandre de Carrère, seigneur de Loubère), seigneur dudit lieu, est teneu de tenir un archer armé selon la déclaration au papier terrier; en temps de guerre réside tantost en Marsan, tantost en d'autres sénéchaussées.

Nous, Bernard d'Aire, conseiller du roy, lieutenant-général et commissaire examinateur de la sénéchaussée de Marsan, certifions à tous ceux qu'il appartiendra, que le présent estat est l'estat véritable des noms des gentilshommes et autres personnes de la sénéchaussée sujets au ban et arrière-ban, en foy de quoy nous avons signé le présent certificat que nous avons paraphé au bas de chaque page et numéroté. Fait au Mont-de-Marsan, ce 28 mars 1693.

Daire, lieutenant-général.

« Je vous envoie l'estat des noms des gentilshommes et autres personnes de ma sénéchaussée sujets au ban et à l'arrière-ban, je souhette qu'il soit suivant l'intention de Sa Majesté et la vostre; je vous asseure que je l'ay dressé avec tout le soin et la diligence possible, conformément à la lettre que vous m'avez fait l'honneur de m'escrire. Comme je traite les uns de Monsieur dans mon estat et les autres de sieur, je crois qu'il n'est pas hors de propos que je vous dise que je donne la qualité de Monsieur à ceux qui se prétendent gentilshommes ou qui, se disant nobles, possèdent des biens raisonnablement dans le pays, et que je qualifie de sieur, ceux qui prétendent à la qualité de noble, qui la prennent même et qui font profession de porter les armes et vivent noblement.

» Je suis avec un très profond respect, Monsieur, votre très humble et très obéissant serviteur,

» DAIRE. »

Du Mont-de-Marsan, ce 28 mars 1693. (*Arch. de Bordeaux, ibid.*).

## ESTAT DES PERSONNES

*sujets au ban et arrière-ban de la sénéchaussée du Mont-de-Marsan.*

—

1º Noble Antoine de Sanguinet, escuyer, avocat au Parlement, résidant à Tartas. 1690-1700.

2º Monsieur Alexandre de Sanguinet, escuyer, avocat en la cour du Parlement de Guienne à la Réole, le 28 juillet 1682. L'acte suivant de l'église paroissiale de Tartas établit leur affinité :

Le 16 décembre 1692, Marie de Sanguinet a reçu les cérémonies du baptême, ayant eu l'eau du baptême par permission de M. de Meilhan, vicaire-général, les cérémonies lui ayant été différées jusqu'à ce jour, à cause de l'éloignement de M. son parrain; née le 2 d'octobre 1690, fille légitime de M. Antoine de Sanguinet, escuyer et avocat, et Anne de Mérignac, damoiselle conjoints; parrain, M. Me Alexandre de Sanguinet, escuyer et advocat, et marraine, Marie de Corados, damoiselle, femme de M. de Mérignac, escuyer; présents, les soussignés, par moy :

BERNÈDE, *vicaire* ; SANGUINET, père; SANGUINET, parrain; VIDART, présent; M. DE CORADOS, marraine.

Alexandre de Sanguinet, avocat, escuyer, porte : d'or à un olivier de sinople (terrassé), adextré de deux aigles de sable volants et portant des aiglons, et senestré d'un lionceau de gueules en pointe. *(Armorial de Guienne* 1698-1700)

## ASSEMBLÉE DES TROIS ORDRES

SÉNÉCHAUSSÉE DE MONT-DE-MARSAN *(1er avril* 1789*)*.

Le baron d'Aons ; de Carrère, chevalier de Saint-Louis ; d'Abbadie, chevalier de Saint-Louis ; du Cournau de Pouy ; de Bouglon, chevalier de Saint-Louis ; de Compagne, chevalier de Saint-Louis ; de Compagne ; de Cours Monlezun ; de Béon ; de Prugue ; de Camont ; de Julien Lassalle ; le chevalier de Neich ou de Prich ; du Cournau de Pebarthe ; Duprat ; le chevalier du Tastet ; du Bourg de Rochemont ; de Sarrautes ; de Gaube, chevalier de Combes ; de Bordenave, chevalier de Saint-Louis ; le chevalier d'Abbadie de Parage ; du Cournau de Brassenx, chevalier de Saint-Louis ; le marquis de Roquefort ; de Cours, chevalier de Saint-Louis. *(Archives de l'Empire, 5 novembre 1861)*.

# PROCÈS—VERBAL

*Du Synode teneu par Monseigneur l'illustrissime et reve-*
*rendissime évesque d'Ayre dans son eglise cathédralle le*
*neufvième mai mil six cent quarante-sept.*

L'an mil six cent quarante-sept et le neufvième jour du
mois de may, Nous Gilles Boutault, par la grâce de Dieu et
du St-Siège apostolique, évesque et seigneur d'Ayre et de
Ste-Quitere du Mas, ayant indiqué notre Synode aujour-
d'huy dans notre église cathédralle et faict signiffier notre
mandement a tous les abbés, chapitres, archiprestrés, recteurs et autres de notre diocèse qu'y ont accostumé d'y
assister, Nous nous serions transportés dans notre église
assisté de nos officiers ;

Sçavoir de vénérables personnes Me Jean Louys de Prugue
et Me Gilbert Broune, nos vicaires generaux et officiaulx ;
de Me Philippe Poyferré, Me Pierre Dubalen, promoteurs ;
de Me Jehan de Lafitte, notre secrétaire, accompaignés de
nos vénérables confrères les chaynoines ez chapitre de
notre église et autre collégiaux, recteurs et vicaires de notre
diocèse ; où estant nous aurions solennellement célébré la
Ste Messe et invoqué l'assistance du St-Esprit, remonstré
par notre oraison Synodale le devoir de notre ministère et
exhorté à la résidance. Après quoy avons faict appeller ceux
quy doivent pour accostumé d'y assister et sont :

Le chapitre cathédral d'Ayre ; le chapitre concathedral
du Mas ; l'abbé ez chapitre de Saint-Jean de la Castelle ;
l'abbé ez chapitre de Saint-Sever ; l'abbé ez chapitre de
Pimbo ; l'abbé ez chapitre de Saint-Loubouers ; l'abbé ez chapitre de Saint-Girons.

## ARCHIPRÊTRÉ DE TURSAN.

L'archipreste d'Urgons; le recteur d'Ayre; le recteur du Mas; le recteur de Samadet; le recteur de Monsegur; le recteur de Mant; le recteur de Sorbets; le recteur de la Caiunte; le recteur de Renung; le recteur de Castelnau; le recteur d'Arboucave; le recteur de Pimbe; le recteur de Puio; le recteur de Saint-Louboué; le recteur de Miramont; le recteur de Montgaillard; le recteur de Bahus Jusanx; le recteur de Coudures; le recteur de Dadou; le recteur de Duhort; le recteur de Payros; le recteur de Sansac; le recteur de Geaune; le recteur de Batz; le recteur de Viéle.

## ARCHIPRÊTRÉ DE CHALOSSE.

L'archiprestre de Douazit; le recteur de Nerbis; le recteur de Montault; le recteur de Saint-Sever; le recteur d'Audignon; le recteur de Mommuy; le recteur de Larbey; le recteur de Tholozette; le recteur de Souprosse; le recteur de Cauna; le recteur de Lamothe; le recteur Daurice; le recteur d'Artiguebande; le recteur de Saint-Aubin; le recteur de Saint-Cricq; le recteur de Brassempoy; le recteur de Cazalis; le recteur de Morganx; le recteur de Saint-Girons; le recteur de Dume; le recteur d'Eyres; le recteur de Sainte-Colombe; le recteur d'Horsarrieu; le recteur de Cazalon; le recteur de Serreslous.

## ARCHIPRÊTRÉ DE MARSAN.

L'archiprestre de Marsan; le vicaire perpétuel de Labrit; le recteur de Brocas; le recteur de Cère ez Vert; le recteur de Garrein; le recteur de Geloux; le recteur du Mont-de-Marsan; le recteur de St-Pédumont; le recteur de Lamolère; le recteur de Campaigne; le recteur de Saint-Médard de Bausse ; le recteur de Mazerolles ; le recteur de Campet ; le recteur de Gaillères , le recteur de Canenx ; le recteur de Lüy.

## ARCHIPRÊTRÉ DU PLAN.

L'archiprestre du Plan ; le recteur de Villeneuve ; le recteur de Saint-Cricq ; le recteur de Puio ; le recteur de Benquet ; le recteur de Saint-Médard de Meignos ; le recteur de Beaussiet ; le recteur de Bougue ; le recteur de Grenade ; le recteur de Bretaigne ; le recteur de Bascons ; le recteur de Castandet ; le recteur de Bordères ; le recteur de Cazères ; le recteur de Moulès ; le recteur de Gaube ; le recteur de Perquie ; le recteur du Vigneau ; le recteur de Hontanx.

## ARCHIPRÊTRÉ DE ROCQUEFORT.

L'archiprestre de Rocquefort ; le recteur de Rocquefort ; le recteur de Lucbardes ; le recteur de Bausten ; le recteur de Corbluc ; le recteur de Sarbazan ; le recteur de Douzevielle ; le recteur ou granger de Maillères ; le recteur de Belys ; le recteur de Lencouac ; le recteur de Caichein ; le recteur de Betbezé ; le recteur de Maubezin ; le recteur ou granger de Juliac ; le recteur de Retgeons ; le recteur de Saint-Go ; le recteur de Saint-Martin ; le recteur de Saint-Justin ; le recteur de Bergonce ; le recteur d'Arouilhe.

## ARCHIPRÊTRÉ DE MAULÉON.

L'archiprestre de Mauléon ; le recteur de Soubère ; le recteur de Montguillem ; le recteur de Toujouze ; le recteur de Maupas ; le recteur d'Estang ; le recteur de Lyas ; le granger de Laquy ; le recteur du Frechon ; le recteur de Saint-Estienne ; le recteur de Goussies ; le recteur de Labastide ; le recteur d'Ayzieu ; le recteur de Castets ; le recteur de Moncla ; le recteur de Montagu.

Ce faict, après avoir ouy les remontrances de notre procureur fiscal concluant contre les absents, sans licence ou légitime excuse, à ce que fassions condampner à aux-mosnes chasqu'un aux pauvres ou à la réparation de l'église cathédrale, la somme de dix livres ; remettre la dite somme entre les mains de notre secrétaire, à la diligence de nos procureurs fiscaux particuliers, dans les destroicts de chasque congrégation que nous avons estably dans notre diocèse. Nous avons donné acte au dit promoteur de ses dires et requisitions, et ordonné qu'il sera procédé par toutes voies dhues et raisonnables pour le payement de ladite aumosne.

Ensuitte de quoy avons fait publier pour la seconde fois un arret du conseil d'Estat ez faveur de la résidence des curés, faict au conseil du roy, Sa Majesté y estant, tenu à Saint-Germain ez Laye le ix jour de décembre 1639. Signé Boutellier, pour servir de monition canonique.

Après quoy le dit promoteur nous aurait remonstré que les recteurs de Juliac et de Geloux ne residoint pas, au grand scandale de tout le diocèse et préjudice de leur église, qu'il nous plust leur enjoindre pour la troisième et dernière fois d'avoir à résider dans quinzaine prochaine, à faute de quoy on procéderait contre eux par les peines canoniques et particulièrement conformément à l'arrest quy avait esté puplié dans notre synode comme ez nos autres précédents ; sur quoy nous aurions prononcé conformément à la réquisition et enjoint à notre promoteur de proceder contre eux par les peynes canoniques ou saizie de leur temporel, jugeant qu'ils appréhenderont l'un plus que l'autre.

Nous aurions en outre faict publier une ordonnance portant excommunication contre tous ceux quy font courre les taureaux à pied l'aiguillade à la main, soit feste ou dimanche, soit jour ouvrable, et avons ordonné, afin que personne n'y prétende cause d'ignorance, que cette ordonnance portant deffense de la course seroit imprimée et envoyée par tous les endroits de notre diocèse ou besoing sera.

Avons de plus faict une ordonnance pour l'église d'Ayre et pour toutes celles de notre diocèse que nous avons faict publier dans notre Synode, par laquelle nous unissons toutes les confréries qui se trouveront establies tant dans notre église cathédralle qu'en celles de notre diocèse, à la confrérie du très Saint Sacrement. Enjoignons à nos biens aymés enfans en notre Seigneur, les recteurs et autres supérieurs des églises, d'y travailler promptement et de nous en rendre compte au plustost. Avons aussi ordonné que la dite ordonnance seroit imprimée et envoyée par toutes les églises.

Et à cause qu'il se commet beaucoup d'abus par la tollérance des curés en l'administration du bien de l'église, singulièrement ez la délivrance des fermes des fabriques, les dits curés n'estant pas assez soigneux de procurer de bonnes cautions et relachant mesmes quelquefois les dites fermes en faveur de leurs parents et par connivence, à vil prix, avons ordonné que tous les curés de notre diocèse, huit jours avant que la délivrance des fabriques se fasse au plus offrant et dernier encherisseur, advertiront le vicaire forain de leur destroit, ou en son absence son promoteur, pour assister à la dernière proclamation des fermes de leurs fabriques et délivrance, pour empescher qu'il ne s'y commette point d'abus; de quoy nous avons donné mandement tres expres à nos dits vicaires et promoteurs forains.

Et parce que dans notre visitte générale que nous avons faite, ceste présente année 1647, nous avons recogneu ez plusieurs de nos églises que nos ordonnances n'étoient pas seulement executées ; mais mesmes que plusieurs de nos curés et vicaires n'avoient pas soin de les lire, leur avons très expressement enjoint dans notre Synode, comme nous faisons encore, de lire et exécuter de poinct en poinct nos ordonnances.

Avons enjoinct à nos dits vicaires forains d'y tenir la main et nous en rendre compte, comme aussy de garder très exactement nos ordonnances pour ce qui regarde les congrégations foraines et particulièrement dans le repas où nous voulons que la frugallité soit observée.

Nos vicaires forains nous ayant représenté que dans les congrégations foraines plusieurs curés de leur district ne tenoient compte de s'y trouver, Avons ordonné à tous nos curés et autres prestres de s'y trouver sur telle peyne que de droit. Et à cause aussy de l'incommoditté quy se trouve dans la frequence de nos congrégations, à cause de l'esloignement des curés et autres ecclésiastiques, Nous les avons réduites à quatre, la première se tiendra dans le caresme, la seconde au mois de may, la troisiesme dans le commencement de septembre, et la dernière devant la feste de la Toussaint. Avons exhorté nos dits vicaires forains et autres ecclésiastiques de s'y porter avec plus d'estude et de ferveur d'y observer toute sorte de modestie.

Avons ordonné dans notre Synode que les archiprestres envoyeront, dès le Judy-Saint, dans notre église chercher les Saintes Huiles, et aux curés, de les envoyer chercher dès le vendredi chez les archiprestres, afin de s'en servir à la benediction des fonds baptismaux et toutes les vigiles.

Avons ordonné que tous les ecclésiastiques s'exerceront

au chant et l'apprandront, n'entendant donner les ordres à quy que ce soit quy ne sache chanter.

Avons-en oultre revoqué et revoquons la permission de dire des messes pour des prebendes en d'autres églises que celles où elles sont fondées ; que le service y sera de nouveau reglé et que les recteurs des lieux se chargeront de faire recherche des biens quy leurs appartiennent et nous en envoyeront l'estat dans le mois après la reception de notre presente ordonnance.

Finallement ayant appris en notre visite que les curés et vicaires de notre diocèze ne faisaient point le catéchisme à cause que le peuple ne se trouvoient point . . . . . la résidence, Nous avons remis l'heure du dit catéchisme et ordonné que dors ez avant il se faira le matin de la messe de paroisse ou mesme durant la messe après le prosne, sy les recteurs le jugent à propos. Après quoy, par la bouche du sindic, tous les dits sieurs du Synode nous auroient supplié de continuer les affaires ez assemblées du clergé ainsi qu'il estoit accostumé dans le présent diocèse.

Et enfin après avoir faict chanter l'*Exaudiat*, et fait les prières ordinaires pour le roy, aurions beny le Synode et nous serions retirés. — Ainsi signé : GILLES, E. Dayre, et plus bas, par M. de Lafite, secrétaire, DE LAFITE.

# LISTE DES GENTILSHOMMES

*qui se sont trouvés à la reveue faite à Langon, lieu d'assemblée, le premier jour du mois de juin 1694, par Monsieur le marquis de Monferrand, grand seneschal et commandant de la noblesse de Guyenne, et des raisons de ceux qui n'ont pas peu s'y trouver, ensemble de ceux qui se sont presentés après la reveue.*

### SENESCHAUSSÉE DE BORDEAUX.

M. Luxe Gouvrau, nommé officier; M. Verdun; M. Jourdan; M. Leglize; M. Alenet; M. Raymond; M. Paty; M. Budos; M. Scalette; M. Boucaud; M. Jonnizière; M. Taudias; M. Lasalle Caillau; M. Raganeau; M. Martin Belcize; M. Laroque d'Iquem; M. Canteloup; M. Salignac; M. Brane; M. Joly de Castera; M. Nadonnet s'est presenté après la reveue.

*Ceux qui ont manqué s'y trouver, de la seneschaussée de Bordeaux.*

M. Pizany; M. Leburon du Sault; M. Chateauneuf; M. Calmeil Poyanne; M. Barre.

### SENESCHAUSSÉE DE LIBOURNE.

M. Sainte-Terre, nommé officier; M. Dumas; M. Lesval Fourtein; M. Lavaignac; M. Malecoulom.

### SENESCHAUSSÉE DE BAZAS.

M. Cornes, nommé officier; M. Labecede de Seguin; M. Dunogué; M. Geres Geres; M. Brustis; M. Lachapoulie; M. Lescal; M. Labruneire; M. Lagrange.

## Seneschaussée de Marsan.

M. Dambrus, nommé officier; M. Labastide; M. Moumuy; M. Tampouy; M. Canteloup; M. Saraute.

## Seneschaussée de Périgueux.

M. Rastignac, nommé officier; M. Lasalle Beron; M. Beausoleil; M. Durper de Camin; M. Lereper Maleret; M. Lambertie de Taugen; M. Lanoguarede, pour M. Germain de Forsaq, qui a assuré joindre; M. Garbuf; M. Lavigerie de Sanguié; M. Pombouroux de Cusan; M. Ternode de Monseq; M. Castelnouvel; M. Lamartanie; M. Lapomerie de Momady; M. Lachapelle Lambertie; M. Peyguillem de Cassion; M. Laganterie Daulaigne; M. Counesacq.

## Seneschaussée d'Albret.

M. de Flamarens, nommé officier; M. Bezolle; M. Corbin; M. Charrein; M. Monbadon; M. Le Rabley; M. Colom; M. Saint-Martin de Noguere; M. Saubat; M. Dargelouze; M. Dages; M. Larrieu; M. Mondit de Meillan; M. Babé.

## Seneschaussée de Sarlat.

M. Doria, nommé officier; M. Lebastiment; M. Latour, pour M. Demonmeuge; M. Gardera, pour M. de Benacq; M. Faure, pour M. Labatut.

## Seneschaussée de Bergerac.

M. Jaure; M. Puiredon; M. Bereau; M. Cezar de Lamouliere; M. Duchateau; M. Courson de Nouaille; M. Saint-Servy; M. Lachapelle de Solmignac; M. Lamote de Vassal; M. Lermonde de Gatebois.

## Seneschaussée d'Agenois.

M. Labastide, nommé officier ; M. Maisonneuve de Brison ; M. Manet de Parde ; M. Testas de Passagua ; M. Tinet de Millet ; M. Dourdaigne ; M. Dutaudon, pour son père ; M. Lachapelle Trentes ; M. Cezerácq ; M. Magelassy ; M. Cambes de Persy ; M. Descage ; M. Lafiluesterie ; M. Saint-Avy ; M. Scorbiacq ; M. Monlezun ; M. Labastide ; M. Croizác de Flechou ; M. Mimo Bruet ; M. Lacalcinie ; M. Seuracq ; M. Saint-Suplice a escrit qu'il joindroit incessamment.

## Seneschaussée de Bigorre.

M. Dufort de Castet-Baya, nommé officier ; M. Peireau ; M. Penin, pour M. Castelnau de Laloubère ; M. Beauregard ; M. de Mansan, pour son frère ; M. Lies ; M. Lavalette de Flechou ; M. Saint-Martin Daumecq ; M. Camales ; M. Sillacq ; M. Sillaq ; M. Gagean ; M. Rozes ; M. Lianse.

## Seneschaussée de Saint-Sever-Lannes.

M. Parrabere, nommé officier ; M. Bastiat ; M. Guichenet Banlos ; M. Labadie ; M. Saraute ; M. Artigolle ; M. Gastede, pour M. Castetja de Caulle ; M. Domage ; M. Bergeron de Pats s'est presenté après la reveue ; M. Bretous est venu après la reveue ; M. le baron de La Hontan a fait assurer qu'il estoit en chemin pour se trouver à la reveue à Langon.

## Seneschaussée de Condom.

M. Demons, nommé officier ; M. Campet ; M. Lamorague ; M. Cauboue ; M. Laroque de Rouquin ; M. Langalerie ; M. Demanote ; M. Saint-Quentin du Dehès ; M. Campagno.

*Ceux qui ont proposé des escuzes pour ne s'estre pas trouvés
à la reveue.*

M. de Lau, convoqué en Agenois, a mandé qu'il estoit
malade et qu'il joindroit; M. Dutremart, on a envoyé un
extrait mortuaire de sa mort; M. Decarrier a envoyé des
attestations de sa maladie; M. Decroignac, convoqué en
Périgueux, a envoyé une attestation de son incommodité;
M. Pellehaut de Goullart a escrit qu'il estoit incommodé
et qu'il joindroit; M. de Montesquieu de Saint-Arailles a
escrit qu'il estoit tombé malade estant prest à partir.

# ARMORIAL.

## D'Abadie d'Arboucave ET de Saint-Germain.
### *(Voir l'Armorial, page* 90.*)*

D'or à un arbre de sinople et un levrier de gueules accolé d'argent, attaché à l'arbre par une chaîne du même, au chef d'azur chargé d'un croissant d'argent accolé de deux étoiles d'or.

## D'Ailly de Rochefort (*Voir* DE ROCHEFORT D'AILLY).

## Aire *sur l'Adour en Gascogne.*

Ecartelé au 1 et 4 d'or au lion d'azur à la queue fourchée ; au 2 et 3 de gueules au lion de pourpre ; au chef d'azur chargé d'une fleur de lys d'or, l'écu surmonté de la couronne ducale. Suscription : *Ville d'Aire sur l'Adour (Landes)*. (Dr Léon Sorbets).

## **Borda** (*Voir l'Armorial, page* 118).

*Inquisition des bonne vie, mœurs, religion catholique, apostolique et romaine de M<sup>e</sup> Bertrand de Borda, écuyer, licencier ez loix et à sa requeste.*

Par devant nous Philibert Dusaut, seigneur de Brie, conseiller du roy et doyen de la cour du parlement de Guyenne, à laquelle avons procédé en nostre hôtel, le vingt-huitième juillet mil six cent quatre-vint-deux, comme s'ensuit :

M<sup>e</sup> Jean Lapeyre, prestre docteur en théologie, bénéficier en l'église Sainte-Colombe de Bourdeaux, de présent en cette ville, lequel après serment par luy faict la main sur le pectus de dire véritté d'hument enquis ;

Dit connoistre le dit de Borda pour être de très bonne vie et mœurs, et religion catholique, apostolique et romaine. Ce qu'il dit bien sçavoir pour luy avoir veu souvant frequenter les églises, frequenter et communier et assister aux autres offices ; qu'est tout ce qu'il a dit sçavoir, et a signé : J. Lapeyre, *attestant.*

M<sup>e</sup> Alexandre de Sanguinet, escuyer, advocat en la cour, lequel après serment par luy fait de dire vérité, d'hument enquis ; dit connoistre le dit de Borda pour estre de très bonne vie, mœurs, religion catholique, apostolique et romaine. Ce qu'il a dit sçavoir bien attester pour lui avoir veu souvant fréquenter les églises, se confesser et communier et assister aux autres offices ; qu'est tout ce qu'il a dit sçavoir, et a signé : A. Sanguinet, *attestant.*

M<sup>e</sup> Jean Dubarry, advocat en la cour, lequel après serment par luy fait de dire vérité, d'hument enquis ;

Dit connoistre le dit Borda pour estre de très bonne vie, mœurs, religion catholique, apostolique et romaine. Ce qu'il a dit sçavoir bien attester pour luy avoir veu souvant frequanter les églises, se confesser et communier et assister aux autres offices ; qu'est tout ce qu'il a dit sçavoir, et a signé : Dubarry.

Me Gratian Bardin, procureur en parlement, lequel après serment par luy fait de dire vérité d'hument enquis ;

Dit connoistre le dit de Borda pour estre de très bonne vie, mœurs, religion catholique, apostolique et romaine. Ce qu'il a dit bien attester pour lui avoir veu souvent frequenter les églises, se confesser et communier, assister aux autres offices ; qu'est tout ce qu'il a dit sçavoir, et a signé : Bardin Vieux, *attestant.*

Me Jean Dufourq, procureur en Parlement, lequel après serment par lui fait de dire vérité, d'hument enquis ;

Dit connoistre le dit Borda pour estre de très bonne vie, mœurs, religion catholique, apostolique et romaine. Ce qu'il a dit bien sçavoir pour luy avoir veu souvent frequenter les églises, se confesser et communier, et assister aux autres offices ; qu'est tout ce qu'il a dit sçavoir, et a signé : Dufourq, *attestant.* — Du Sault, *doyen et commissaire* (Transcrit sur son original, ez titres de Borda).

**De Boutault,** *en Poitou.*

D'azur à trois chevrons d'or, accompagnés de trois triangles du même, deux en chef et un en pointe.

**De Cabannes** *(Voir l'Armorial, pages 408, 409).*

DISPENSE DE DEUX BANS.

François de Sarret de Gaujac, par la grâce de Dieu et du Saint-Siége apostolique, évêque et seigneur d'Aire, sur ce qui nous a été représenté par sieur Ignace-Jean de Cabanes, seigneur baron de Caunar, y habitant en notre diocese, et demoiselle Marguerite de Barbotan, habitante de la ville de Saint-Sever, aussy en notre diocèse, que desirant parvenir à la celebration de leur mariage, ils auroient besoin d'obtenir de nous la dispense des deux dernières publications des bans de leur mariage ; nous, voulant favoriser les suppliants et éviter les inconvénients du retardement dudit mariage ; vu les certificats de M. Dufraisse, curé dudit Saint-Sever, de M. de Mora, curé dudit Cauna, par lesquels il conste de la premiere publication des bans audit mariage ez deux paroisses sans opposition faite et sans empeschement decouvert et avec enonciation de part et d'autre, que les parties devaient se pourvoir par devers nous pour la dispense des deux dernières publications ; de notre authorité et pour autres raisons à nous connues, avons dispensé et dispensons par ces présentes les dits seigneur Jean-Ignace de Cabanes Caunar et demoiselle Marguerite de Barbotan des deux dernieres publications des bans de leur mariage. Ce faisant, leur permettons de recevoir ensemble la benediction nuptiale du sieur curé de Saint-Sever ou Caunar, ou de leur consentement de tel prêtre approuvé, choisi dans le diocèse. Les formalités de l'Eglise duement observées, et pourvu qu'il n'y ait au dit mariage d'autre empeschement que celui sur lequel nous dispensons. Donné à Caunar, en notre diocèse, le 23 fevrier 1743.			† FRANÇOIS, *évêque d'Aire.*

Par Monseigneur :			GUCHEN, *secrétaire.*

Sera insinué et scellé ez registres ecclésiastiques du present diocese. A Caunar, le 23 fevrier 1743.

(Sceau). GUCHEN, *pour le commis.*

---

*Extrait des registres de la paroisse de Cauna.*

Le vingt-cinq février mil sept cent quarante-trois, après avoir publié le premier ban du futur mariage d'entre M. Jean-Ignace de Cabanes, écuyer, mon paroissien, et Mademoiselle Marguerite de Barbotan, habitante de Saint-Sever, à la messe de paroisse ; veu la dispense des autres deux bans dument insinuée accordée par Monseigneur l'évêque d'Aire, et veu le certificat en forme de M. Dufraisse, curé de la ville de Saint-Sever, sans avoir découvert aucun empeschement civil ny canonique, je leur ay imparti la bénédiction nuptiale ez présence de sieur Christophe de Cabanes, baron de Cauna, lieutenant-général d'épée de la senéchaussée de Saint-Sever, dame Louise de Lartigue, Clair-Joseph de Barbotan, seigneur de Carrits, et Joseph Marsan, ancien lieutenant d'infanterie, qui ont signé avec moy. Signés à l'original : de Mora, curé ; Lartigue de Barbotan ; Joseph de Barbotan ; Cabanes Cauna ; Marguerite de Barbotan Cauna ; Cabanes Cauna fils.

Je soussigné, certifie avoir tiré cet extrait des registres de la paroisse de Cauna sans avoir rien diminué ny augmenté ; en foy de quoy j'ay signé le presant extrait. Fait à Cauna, le 16 fevrier 1756. LEGLISE, *Curé de Cauna.*

---

1779. Joseph-Clair-Charles Larrieu est né et a été baptisé le quatre novembre mil sept cent soixante-dix-neuf ; il est fils légitime de M. Maître Pierre-Paul de Larrieu, avocat en Parlement et seigneur d'Agos, et de dame Marie-

Elisabeth de Cabanes Caunar. Parrain, M. Joseph de Larrieu ; marraine, demoiselle Marie-Sophie de Larrieu, frère et sœur de l'enfant ; à la place de la marraine a tenu demoiselle Marie-Thérèse de Saint-Julien Momuy, qui n'ont signé pour ne savoir, de ce requis par nous. Le père a signé :  Larrieu père ; Tausin, *curé de Saint-Sever.*

---

De Captan (1731). Pierre-Augustin de Captan naquit le 28 août 1731 et a esté baptisé le 29 dudit mois, fils légitime de noble Etienne de Captan, capitaine de cavalerie, et de dame Catherine de Captan, son épouse. Parrain et marraine, sieur Pierre de Captan et Jeanne de Captan, frère et sœur, qui ont signé avec moi.

Capdeville, *vicaire ;* de Caucabane ; Capdan, parrain ; Jane de Capdan ; Joseph de Barbotan.

**De Captan** (*Voir l'Armorial, pages* 154-158)

Ecartelé au 1 d'azur au chevron d'or accompagné de cinq besans mal ordonnés du même posés deux en chef et trois en pointe ; au 2 de gueules au cygne d'argent ; au 3 de gueules à trois fasces ondées d'argent ; au 4 d'azur à trois étoiles mal ordonnées d'or, une et deux.

---

**De Caucabane** ET **Castelnau** (*voir l'Armorial, page* 159).

Noble Jean Joseph de Caucabanne, âgé d'environ soixante-seize ans, est décédé après avoir reçu les sacrements, le sept février 1740, et a été enseveli le lendemain, en présence de Me Martin Doly, prêtre, et de Me Jean Barrouillet, prêtre, qui ont signé de ce requis par moi : Dosque, *vicaire* ; Barrouillet ; Dolly, *vicaire*.

————

Le 23 juillet 1763, après avoir publié les bans de futur mariage entre messire Pierre-Antoine de Caucabane, chevalier, devant capitaine au régiment de Navarre, chevalier de l'ordre militaire de Saint-Louis, et demoiselle Rose de Coudroy, les cérémonies de l'église préalablement observées, les ai conjoincts en mariage et leur ai, pendant la sainte messe, imparti la bénédiction nuptiale. Présents : Messire Pierre-Simon-François de Caucabane, chevalier ; messire Jean de Laborde Pedeboulan ; messire Bernard François de Marsan de Meillan ; messire Joseph de Coudroy, qui ont signé avec nous : Tauzin, *curé de Saint-Sever* ; le chevalier de Caucabanne, *époux* ; de Coudroy, *épouse* ; Caucabane ; Laborde ; Coudroy ; Marsan Meillan.

————

Demoiselle Marie-Anne de Castelnau est née le 9, et a

été baptisée le 10 février 1767 ; elle est fille légitime de haut et puissant seigneur messire Pierre-François de Castelnau, seigneur de Montgaillard, comte de Puimiclan, baron de Brocas, et de dame Julie-Constance de Beynac. Parrain, messire Jean Henri de Caucabane, seigneur de Baudignan, à la place duquel a tenu messire Matthieu de Castelnau ; marraine, dame Marie-Anne de Castelnau de Laborde, à la place de laquelle a tenu demoiselle Catherine de Laborde, qui ont signé avec nous et le père : Tausin, *curé de Saint-Sever ;* de Laborde ; Castelnau, *parrain ;* de Castelnau, *père.*

Messire Pierre-François de Castelnau est né et a été baptisé le 2 septembre 1761 ; il est fils légitime de haut et puissant seigneur messire Pierre-François, marquis de Castelnau, et de dame Julie-Constance de Beynac, marquise de Castelnau. Parrain, haut et puissant seigneur messire Pierre-François, marquis de Roquefort, chevalier d'honneur au parlement de Bordeaux, à la place duquel a tenu messire Philibert de Coudroy ; marraine, haute et puissante dame Adelaïde-Louise-Félicité de Verneuil, épouse de haut et puissant seigneur (1) Charles-Gabriel Renée Dappelle-Voisin, Laroche du Maine, à la place de laquelle a tenu, demoiselle Marie-Claude de Castelnau, qui ont signé avec nous : Tausin, *curé de Saint-Sever, approuvant l'interligne ;* de Castelnau ; Coudroy ; Castelnau, *père.*

---

(1) Charles-Gabriel-René Tiercelin d'Appelvoisin, marquis de Laroche du Maine, etc., maréchal de camp, chevalier de Saint-Louis, membre de la noblesse de Saintonge et du Poitou, porte pour armes : de gueules à la herse d'or de trois traits, qui est Tiercelin d'Appelvoisin. (*Noblesse de Saintonge et Aunis,* page 219).

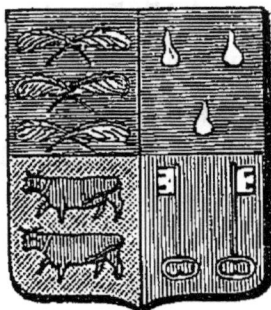

**De Caupenne d'Amou.**

Ecartelé au 1 d'azur à trois panaches (pennes) d'argent, deux et un ; au 2 aussi d'azur à trois larmes d'argent deux et un ; au 3 d'or à deux vaches passantes l'une sur l'autre de gueules, accolées et clarinées d'argent ; au 4 de gueules à deux clefs d'argent posées en pal (d'*Hozier*, 1698).

Ecartelé au 1 d'azur à six plumes d'autruche d'argent posées en sautoir, qui est de Caupenne ; au 2 aussi d'azur à trois larmes d'argent deux et une, qui est d'Amou ; au 3 d'or à deux vaches passantes l'une sur l'autre de gueules, accolées et clarinées d'argent, qui est de Béarn ; au 4 de gueules à deux clefs d'argent posées en pal, qui est de San-Pedro (Saint-Pée).

**De Cloche de Fargues.**

Ecartelé au 1 de gueules à deux soufflets d'argent la pointe en bas ; au 2 d'azur à un agneau d'argent attaché à un pilier de même et trois fleurs de lys d'or rangées en chef ; au 3 d'azur à un lion d'or lampassé et armé de gueules ; au 4 de gueules à une cloche d'argent bataillée d'or.

---

## De Cours du Vigneau et de Varenne d'Arricau.

*(Voir l'Armorial, pages 171, 280).*

I. — Noble Marc-Antoine de Cours, écuyer, seigneur du Vigneau, fut marié à dame Isabeau de Sarraute, dont il eut :

1° Antoine-Hector de Cours, écuyer, seigneur du Vigneau, marié à dame Angélique de Ferron d'Ambrux de Carbonnieux, dont une nombreuse postérité.

2° Jean-Pierre.

II. — Noble Jean-Pierre de Cours de Saint-Gervasi, écuyer, marié en 1710 à demoiselle Jeanne de Poyferré, fille de noble Antoine-Augustin de Poyferré de Varenne, baron d'Arricau et de feue dame Suzanne de Saint-Angel, fut père de :

1° Antoine-Augustin de Cours, né en 1712, qui a continué la postérité.

2° Christophe de Cours, né en 1719, mort en 1781.

3° Antoinette-Ursule de Cours d'Arricau, mariée en 1746 à Cauna, avec le sieur Thomas de Jusans, ancien militaire (*Armorial*).

III. — Messire Antoine Augustin de Cours, chevalier, baron d'Arricau, marié à dame Marie-Josèphe de Fortisson, mourut en 1768 ; sa femme l'avait précédé en 1754. De ce mariage :

1° Marie de Cours, née le 7 décembre 1737.

2° Catherine de Cours, née le 5 janvier 1739.

3° Ursule de Cours, née le 8 décembre 1739.

4° Ursule de Cours, née le 14 août 1742.

5° Pierre de Cours, né le 7 août 1747.

6° Catherine de Cours.

7° Pierre-Maurice de Cours, né le 18 décembre 1750.

IV. — Pierre-Maurice-Antoine de Cours, chevalier, baron d'Arricau et Maignos, fut marié à demoiselle Marguerite de Brethous Sebi, et mourut le 1er janvier 1778. De ce mariage :

1° Marguerite-Alexandrine de Cours d'Arricau, née en 1771.

2° Catherine-Marie de Cours, née en 1772.

3° Catherine-Henriette de Cours.

4° Françoise-Victoire de Cours, née le 1er février 1778.

Les quatre demoiselles de Cours d'Arricau se firent représenter en 1789 à l'assemblée de la noblesse des Lannes comme vicomtesses de Cours, dames de la baronnie d'Arricau en Saint-Sever, et seigneuresses de Varenne en Audignon.

V. — N... de Cours d'Arricau, mariée à M. du Peyron. Sa descendance est représentée par la famille du Perron de Grenade, et par MM. Dufaur de Gavardie : l'aîné, M. Henri Dufaur de Gavardie, marié à dame Cornélie de Batz ; le puîné, M. Paul de Gavardie, juge d'instruction à Bayonne.

### PIÈCES JUSTIFICATIVES.

#### Naissances du château d'Arricau.

12 juin 1712. Antoine-Augustin de Cours, fils de noble Jean-Pierre de Cours et de dame de Poyferré. Parrain, noble Antoine-Augustin de Poyferré, seigneur et baron d'Arricau ; marraine, dame Angélique de Ferron d'Ambrux.

BURGUERIEU, *curé.*

16 mars 1719. Christophe de Cours, fils de M. de Cours et de dame Jeanne de Poyferré. Parrain, Christophe de Cabanes ; marraine, dame de Poyferré.

—

Le 7 décembre 1737, naquit Marie de Cours, fille de noble Antoine-Augustin de Cours et de dame Marie-Josèphe de Fortisson.　　　　　　　　　　DUTROY, *curé*.

—

5 janvier 1739. Catherine de Cours, fille de noble Antoine-Augustin de Cours et de dame Marie-Josèphe de Fortisson. Parrain, Christophe de Cours ; marraine, demoiselle Ursule de Cours de Varenne d'Arricau. DUTROY, *curé*.

—

Le 8 décembre 1739, naquit Ursule de Cours, fille des précédents. Parrain, Jean de Cours du Vigneau, remplacé par M. André de Monval ; marraine, Ursule de Cours d'Arricau.　　　　　　　　　　DUTROY, *curé*.

—

Le 14 août 1742, naquit Ursule de Cours, fille des mêmes. Parrain, Christophe de Cours ; marraine, demoiselle Toinette-Ursule de Cours de Varenne.　　DUTROY, *curé*.

—

Le 7 août 1747, Pierre de Cours, fils d'Antoine-Augustin et de dame Marie-Josèphe de Fortisson. Parrain, Christophe, et marraine, Josèphe de Cours, frère et sœur, pour parrain et marraine.

—

Le 18 décembre 1750, naquit Pierre-Maurice de Cours, fils des mêmes.

—

Le 26 janvier 1711, naquit Alexandrine de Cours, fille de noble Antoine de Cours, baron d'Arricau et Varenne, et de demoiselle Marguerite-Gabrielle de Brethous Sebi. Parrain, Christophe de Cours ; marraine, Marguerite de Brethous. (N.-B. Consulter les registres à Buanes).

15 juillet 1772. Marie-Catherine de Cours, fille des mêmes. Parrain, Messire Benoît-Antoine de Brethous Sebi, capitaine d'infanterie, et marraine, demoiselle Catherine de Cours d'Arricau. DUBAU, *curé.*

Le 1er fevrier 1778, naquit Françoise-Victoire de Cours, fille légitime de feu Messire Pierre-Maurice-Antoine de Cours, chevalier, baron d'Arricau et Meignos, et de Marguerite de Brethous Sebi. Parrain, Antoine de Brethous, écuyer, secrétaire du roi, ancien maire de Bayonne ; marraine, demoiselle Marguerite de Brethous Sebi.

EXTRAIT DES REGISTRES, COMMUNIQUÉ PAR M. LE CURÉ DE LAGLORIEUSE.

*Assemblées primaires des Landes* (8 août 1790).

Antoine Brethoux Siby, chevalier de Saint-Louis, âgé de 68 ans, à Buanes, 300 fr. d'impositions. (*Liste électorale imprimée.*)

AUTRE EXTRAIT DU REGISTRE DE MORTS.

*Décès au château d'Arricau.*

Le 12 avril 1723, mourut Madame de Cours de Saint-Gervasi, âgée de soixante ans. (DANDO, *curé.*)

Le 19 mars 1729, dame Jeanne de Pouyferré, veuve de feu noble Jean-Pierre de Cours.

7 novembre 1749, Pierre de Cours, âgé de deux ans.

13 janvier 1750, Ursule de Cours, âgée de huit ans.

Le 14 janvier 1754, dame Marie-Josèphe de Fortisson, âgée de trente-neuf ans. (DANDO, *curé.*)

25 juin 1762, demoiselle Marie d'Arricau, âgée de vingt-quatre ans. (DUTROY, *curé.*)

Le 3 octobre 1768, mourut messire Augustin de Cours d'Arricau, âgé de cinquante-cinq ans. (DUHAU, *curé.*)

8 février 1777, Dominique de Cours, âgé de six mois.

(DUHAU *curé.*)

1er janvier 1778, Pierre-Maurice de Cours, âgé de trente-deux ans. (DUHAU, *curé*).

6 mars 1781, Christophe de Cours, âgé de soixante-deux ans. (DUHAU, *curé.*)

---

(*Guyenne, 1204. — Dax, n° 55*).

**N... Dailhencq**, *élu avocat en Parlement.*

De gueules à trois lions d'argent.

---

**De Duhaut,** *à Saint-Sever Cap, nobles, écuyers, hommes d'armes, seigneurs barons de Lanneplan.*

Le premier du nom connu dans la sénéchaussée des Lannes est Johan Duhaut, jurat de la ville de Saint-Sever, le 14 août 1476.

Montre d'hommes d'armes à Bayonne, le 16 juillet 1494, Martin Duhau. Revue de 1495, Martin Duhaut, archer. (Monlezun, *Histoire de Gascogne*).

Une revue passée à Saint-Sever sous le capitaine Barquissaut, le 15 août 1587, mentionne Jehan Duhaut, homme d'armes, et autre Jean Duhaut, homme d'armes (*ibidem*, tome VI).

Le 24 mai 1612, en présence de M. Pierre Marreing, advocat et jurat de la presente ville de Saint-Sever, est comparue damoiselle Saubade de Cabannes, veuve de feu

Maître Estienne Duhault, advocat ez la cour, declarant tenir à rente et fief une propriété située au terroir de Saint-Sever Cap. Le dit M. Maitre Estienne Duhault était fils de feu M. Patris Duhaut.

I. — Patris Duhaut, nommé en 1612, père d'Estienne qui suit.

II. — Estienne Duhault, advocat en la cour, marié avant 1612 à damoiselle Saubade de Cabannes, en eut : 1º Matthieu Duhaut, non marié, qui survécut à son frère, et assistait en 1657 à une assemblée de ville; 2º noble Matthieu Duhaut, qui a continué la postérité.

III. — Noble Matthieu Duhaut, homme d'armes, vivant à Saint-Sever en 1640, 1641, 1650, fut marié à damoiselle Marguerite de Lespès, fille d'Arnaud de Lespès, seigneur de Prous et de damoiselle Marguerite de Laborde (*Armorial*, page 220), et en eut : noble Louis de Duhaut, seigneur de Lanneplan, et damoiselle Saubade de Duhaut. La seigneurie et baronnie de Lanneplan fut acquise en 1654 par dame Marguerite de Lespès de Duhaut.

IV. — Noble Louis Duhaut, écuyer, seigneur baron de Lanneplan, fut convoqué en 1692 et 1702 avec la noblesse de la sénéchaussée de Saint-Sever comme seigneur de Lanneplan, et marié vers l'an 1670 à Françoise de Lassalle de Bordes, damoiselle, fille du baron de Sarraziet, et en eut : 1º Messire Jean Duhaut, qui a continué la postérité; 2º autre Jean Duhaut, mort en 1695; 3º Jeanne Duhaut, damoiselle, née le 13 mai 1674; 4º et noble Bernard-François de Duhaut, chevalier de Saint-Louis, capitaine au régiment de Lorraine (1719, 1735, 1746), naquit à Saint-Sever, le 2 novembre 1680; eut pour parrain noble Bernard-François de Lespès, écuyer, seigneur de Prous, et marraine, Marie de Lassalle, religieuse d'Aire; embrassa l'état militaire, prit part à toutes les campagnes de l'armée d'Allemagne, Philisbourg, Spire, etc., et fut le compagnon d'armes de MM. de Lataulade, de Laas, de Cloche, de Compaigne, de Tausin, de Captan, le marquis de Ravignan, etc., etc. — Le 10 octobre 1730, il assista au baptême de François Despans, fils de noble Joseph de Spens, écuyer, seigneur d'Estignols, et de Marthe-Agathe de Laporte. M. de Duhaut mourut à Saint-Sever le 8 mars 1746.

V. — Messire Jean Duhaut, écuyer, seigneur de Lanneplan, fils de Louis, se maria en 1704 avec sa cousine, demoiselle Isabeau de Cabannes, fille de noble Pierre de Cabannes, et de dame Louise de Portets. Ses père et mère étant décédés, les articles de mariage du 1er juin 1704 mentionnent la dispense venue de Rome pour cause de parenté et sont signés de MM. de Batz d'Aurice, d'Estignols, A. de Tuquoy, Tuquoy, *abbé de Pimbo,* de Tuquoy-Lachèze, de Cloche, d'une part ; et E. de Cabannes, Duhaut, Portets Cabannes, Portets, *curé de Saint-Sever,* Françoise de Larrhède, Dupin-Portets, Dupoy, Dubernet, Cabannes-Dubernet. — Isabeau de Cabannes Duhaut mourut le 2 février 1758, âgée de 70 ans ; leurs enfants furent :

1o Bernard de Duhaut, qui continue la descendance ; 2o Joseph Duhaut ; 3o Marie Duhaut, mariée en 1738 à Monsieur Darthès de Malausanne ; 4o messire Jean Duhaut, prêtre et curé de Laglorieuse (Arricau et Maignos), près de Mont-de-Marsan, en 1760-1770, inscrit sur la liste des électeurs de St-Sever en 1790, mourut bientôt après, âgé de 65 ans, le 13 juillet 1790 ; 5o demoiselle Ursule de Duhaut.

On lit dans le *Lieve* ou *Livre terrier des reconnaissances des bénédictions de St-Sever Cap :*

« Année 1768. — Reconnaissance de Messire Jean Duhaut, prêtre prébendier de la prébende de Rimbles. »

VI. — Noble Bernard Duhaut fut marié le 21 juin 1733 avec demoiselle Magdelaine Dusault, fille de M. Auger Dusault et de mademoiselle Magdelaine de Mora, et fut père de :

VII. — Noble Chistophe de Duhaut, né en 1735, mourut âgé de 25 ans, le 25 novembre 1762, et fut enseveli dans l'église de Saint-Sever Cap.

---

PIÈCES JUSTIFICATIVES.

Saint-Sever, 1738. — Le vingt-sixième novembre 1738, après les publications requises dans la présente église de Saint-Sever, sans opposition, et dans celle de Malausanne, aussi sans opposition, comme il conste par l'attestation de M. Pausader, curé de Malausanne, duûment légalisée par MM. les vicaires-généraux du diocèse de Lescar ; le 18 du courant, ont été conjoints en mariage : sieur Jean-Louis Darthès, fils de M. Jean de Darthès, juge de la vicomté de Poudenx, et de demoiselle Marguerite Dufau, mariés de la dite paroisse de Malausanne, et demoiselle Marie Duhaut, fille légitime de feu sieur Jean Duhaut et dame Isabeau de Cabannes, de la présente paroisse. Présents : le dit Me Jean Darthès, juge de la vicomté ; Me Raymond Duris, conseiller du roy ; Joseph de Marsan, ancien officier d'infanterie, et Me Joseph Duhaut, frère de la dite Marie Duhaut, lesquels ont signé avec l'époux et l'épouse, et nous soussigné, curé d'Aurice, quy, du consentement de M. le curé de Saint-Sever, avons célébré le présent mariage : Darthès, Marie Duhaut ; Duhaut Duris ; Marsan ; Dubernet, *curé d'Aurice ;* Darthès. *(Registres de Saint-Sever.)*

*Godosse.* — Saubade de Cabannes, damoyselle de Saint-Sever, s'est enrollée et a donné 8 s. 3 septembre 1617.

S. DE CABANES.

—

1641. — Le 20 octobre 1641, fut baptisée Saubade de Duhaut, fille de Matthieu de Duhaut, homme d'armes, et demoiselle Marguerite de Lespès ; les parrain et marraine, Arnaud de Lespès, bourgeois, et Saubade de Cabanes, par moi : LAFITTE, *curé.*

—

1673. — Noble Louis Duhaut est qualifié seigneur et baron de Lanneplan en 1673. (*Saint-Sever.*)

—

1674. — Le 13 may 1674, naquit Jeanne Duhaut, fille de Louis Duhaut, écuyer, et de damoiselle Françoise de Lassalle de Bordes ; parrain, noble Joseph de Lassalle de Sarraziet ; marraine, Jeanne d'Estoupignan. DE CLOCHE, *curé.*

—

Du 23 août 1657. — MM. Jean-Pierre de Barry, conseiller du roy, lieutenant-général au siége de Saint-Sever, seigneur de Toujun ; Jean-Jacques de Tuquoy, avocat du roy ; de Sort, capitaine, jurat de l'armée ; Matthieu Duhaut, et autres, assistent à une assemblée des principaux habitants de Saint-Sever, pour emprunter 6,000 livres à M. Pierre de Capdeville, conseiller du roi au parlement de Navarre.

—

*Archives de Saint-Sever.* — Le 14 juillet 1676, naquit noble Louis de Cabanes, fils légitime de sieur Raymond de Cabannes et de demoiselle Jeanne Dart, habitants de Cauna ; parrain, noble Louis Duhaut, habitant de la ville de Saint-Sever, et demoiselle Marie Dart, jugesse de Sabres y habitante. Lequel sieur Louys de Cabanes fut baptisé le

16 du dit mois et an dans la chapelle Notre-Dame de Cauna, par moy :                                      DE GAXIE, pbre *curé.*

On trouve dans les archives de Saint-Sever une délibération du 30 juillet 1654, et adjudication du 7 juillet 1655 ,pour l'achat de la seigneurie de Lanneplan, en faveur de damoiselle Marguerite de Lespès, veuve à feu noble Matthieu Duhault, contre les jurats de Saint-Sever. Monsieur Jean de Cabannes, advocat ez la Cour, et noble Pierre de Captan, jurats de la dite ville en la présente année.

Le dix-neuf may 1693, mourut M. Jean Duhaut, âgé de douze à treize années, ayant reçu tous les sacrements, et fut enterré le vingtième du même mois. Présents : Jean de Lamarque, et Antoine Fautoux, qui n'ont signé pour ne savoir. Fait par moi : ALEMEND, *vicaire.* (*Saint-Sever.*)

*Duhaut.* — Le 8 mars 1746, est décédé monsieur Bernard François Duhaut, chevalier de Saint-Louis, ancien capitaine au régiment de Lorraine, âgé de cinquante-cinq ans. (*Saint-Sever.*)

1762. — Noble Christophe de Duhaut, âgé de vingt-cinq ans, est mort le 4 et enseveli le 5 mars 1762 en l'église de la paroisse. (*Saint-Sever*).

## D'Isle de Lalande.

D'azur à trois chevrons d'or et une étoile du même en chef à senestre.

---

## Lalande *(Armorial de Guyenne).*

Guyenne, page 264. — Bazas, nº 29.

HENRY DE LA LANDE, *ecuier, sieur de la maison noble de Trazits,*

Porte de gueules à trois bandes d'argent et un chef cousu d'azur chargé d'un lion passant d'or.

Page 265, nº 32.

JACQUES DE LA LANDE, *ecuier, sieur de Tastes de la Loubes (ou Loubre),*

Porte de gueules à trois bandes d'argent et un chef cousu d'azur chargé d'un lion passant d'or.

Page 268. — Bayonne, nº 84.

ANDRÉ DE LA LANDE, *sieur d'Arcondau,*

Porte de gueules à trois fasces d'argent.

Page 271, *ibidem.*

PIERRE DE LA LANDE, *conseiller du Roy et son lieutenant général en l'admirauté de Bayonne,*

Porte d'azur à trois fasces d'argent.

Page 378. — Bayonne, n° 73.

MATTHIEU DE LA LANDE, *conseiller du Roy et son lieutenant général au bailliage de Labourd,*

Porte écartelé au 1 d'or à trois pals de gueules ; au 2 d'azur à une teste et col de cheval d'argent bridée de sable ; au 3 d'argent à un aigle le vol abaissé de sable, et au 4 d'or à un lion passant de gueules.

Page 464. — Dax, n° 1.

BERNARD DE LA LANDE, *baron de Magescq.*
Porte d'azur à quatre fasces d'argent.

Page 466, *ibidem*, n° 5.

JEAN-BERTRAND DE LA LANDE, *escuyer, sieur d'Escanebacq,*
Porte facé d'argent et de gueules à six pièces à un chef de gueules chargé d'un pigeon d'argent, parti d'or à une demi aigle à deux têtes de sable mouvante de la partition.

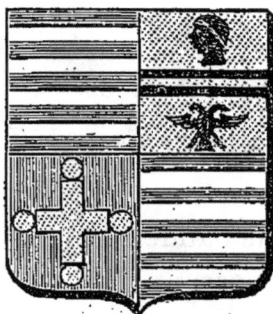

Page 467.

JEAN-ANTOINE DE LA LANDE-LAMOTHE, *seigneur de Montaut,*
Porte écartelé au 1 et 4 d'azur à quatre fasces d'argent ; au 2 d'or à une jumelle de sable accompagnée en chef d'une teste de More tortillée d'argent et en pointé d'un aigle à deux testes de sable, et au 3 de gueules à une croix pommetée d'or.

Guyenne, colorié, page 10.

JEAN-ANTOINE DE LA LANDE, *seigneur de Montaut.*

Page 490.

JEAN DE LA LANDE, *escuier, seigneur de Saint-Oing* (sic
*(Saint-Cricq)*.

Mêmes armes que le précédent.

Page x.

FRANÇOIS DE LA LANDE, *écuyer, seigneur de Favas,*

Porte écartelé au 1 et 4 d'azur à quatre fasces d'argent ;
au 2 d'or à une jumelle de sable accompagnée en chef
d'une tête de More de même tortillée d'argent et en pointe
d'une aigle à deux têtes aussi de sable, et au 3 de gueules
à une croix pommetée d'or. (*Armorial de Guyenne*).

Guyenne, page 816, n° 171.

CHARLES DE LALANDE, *président et lieutenant général de
Bordeaux,*

Porte de gueules à trois marteaux d'or posés deux et un.

Page 870.

JEAN-JOSEPH DE LALANDE. — Mêmes armes.

Page 1142. — Bayonne 88.

JEAN DE LALANDE, *seigneur de Luc et de Borriote* (alias
*Biarrotte et Berriots*),

De sinople à une bande d'or.

DE RAYMOND DE LALANDE, *en Saintonge, Aunis, Agenois,
Bordelois, Labourd et Landes, etc., etc.,*

Ecartelé au 1 d'azur à la croix alesée d'argent ; au 2 lo-
sangé d'or et d'azur ; au 3 de gueules à la cloche d'argent ;
au 4 d'azur à la sphère terrestre d'or cerclée et montée de

même. (Voir *Nobiliaire de Guyenne*, tome II, et *Noblesse de Saintonge en* 1789).

Guyenne, page 90.

DE LOUPPES, *ecuier, seigneur de Loubenx, conseiller au dit Parlement (Bordeaux)*,
Porte d'azur à trois tours mal ordonnées d'argent.

*Idem*, page 167.

DE LOUPES, *conseiller, etc.*,
D'azur à trois tours d'argent deux et un.

Page 492.

FRANÇOIS DE LOUPES, *seigneur de Castres*, alias *de Castère.*,
Porte d'azur à trois tours d'argent une et deux.

Page 807.

MARIE DE LOUPES, *veuve de N... de Rubéran, capitaine.*,
Porte d'or à une face de gueules accompagnée de trois têtes de loup de sable, deux en chef et une en pointe.

---

## La Lande de Luc et de Beriots.

De gueules à quatre fasces d'argent. Couronnes de marquis et de comte. Devise : *Deus adjutor in adversis*. (Voir *Armorial*, page 226.)

Dès le commencement du XVIe siècle, la famille des la Lande, seigneurs de Gaillat, était distincte et séparée de la famille des Lalande, seigneurs de Gayon, et de la famille des Lalande, seigneurs de Luc, sans trace aucune de parenté. La devise : *Deus adjutor in adversis* appartient à la famille de Lalande de Luc.

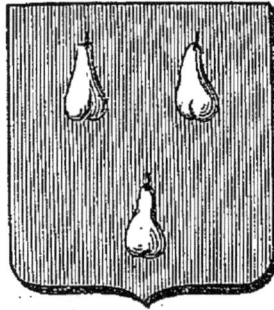

**De Lataulade**, *barons du dit lieu, de Laas, d'Issor, d'Ossages, d'Agès, d'Urgons, de Marquevielle, en Béarn et Chalosse.*

De gueules à trois poires d'argent deux et une. Couronne de comte; supports, deux lions; croix de Saint-Louis en sautoir.

---

**De Lescours** (Louis), *chevalier, seigneur de Chamoullac, Perroux et Rouffignac, habitant au château de Rouffignac en Saintonge (1693-1694).*

Parti au 1 d'azur à cinq cotices d'or; au 2 d'argent à trois écots deux et un de sinople. Couronne de comte (*Archives de Cabannes*).

## TITRES DE LOBIT DE MONVAL.

*(Armorial, page 258).*

—

25 *Juillet* 1605. — Contrat de mariage de Maître Jean de Lobit, procureur du roy au siége de Marsan, fils d'autre Jean de Lobit, de la ville de Villeneufve de Marsan, accordé le vingt-cinq juillet mil six cent cinq, avec demoiselle Marie dé Poyferré, assistée de Monsieur Maître Joseph de Prugue, maître des requêtes du roy en son hôtel de Navarre; mari de demoiselle Marie de Claverie, mère de la dite future. En faveur duquel mariage Charles de Poyferré, sieur de Barènne, frère aîné de la dite future, lui constitue en dot la somme de cinq cents écus sols pour tout ce qu'elle pouvait prétendre sur les biens paternels, et la dite demoiselle Marie de Claverie promet de lui donner la somme de sept cent cinquante livres pour tout ce qu'elle peut prétendre sur ses biens, moyennant lesquelles sommes la dite future renonce à tous autres droits au profit du dit sieur de Poyferré, son frère, et des autres enfants de la dite demoiselle de Claverie, à la charge que le dit sieur de Poyferré et la dite demoiselle de Claverie lui donneraient mêmes meubles, lit, linge et habillements que les autres sœurs de la dite future, ou l'une d'elle avait eu: en faveur du même mariage le dit Jean de Lobit donne au dit futur son fils, qu'il émancipe, la somme de quinze cents écus sols sans qu'il soit tenu à aucun rapport ni collation avec ses autres frères; et outre cette somme il lui fait don des deniers qu'il avait employés à lui acheter son office de procureur du roy au dit siége de Marsan. Ce contrat, passé en

la ville du Mont-de-Marsan, ez présence des sieurs Jean dé Bourdenave et Arnault de Poyferré, bourgeois et habitants de la dite ville et devant de la Marque, notaire royal, fut insinué le quatorze novembre mil six cent cinq, en la cour de la sénéchaussée de Gascogne, au siége de Condom.

Nous, Louis-Pierre d'Hozier, juge d'armes de France, chevalier, doyen de l'ordre du roy, conseiller en ses conseils, maître ordinaire en sa chambre des comptes de Paris, généalogiste de la maison de la chambre et des écuries de Sa Majesté, de celles de la reine et de Madame la Dauphine; — certifions que l'extrait ci-dessus a été fait sur le dit contrat de mariage qui nous a été représenté en original en l'année mil sept cent quarante-huit par Monsieur de Lobit de Monval.

Fait à Paris, le vingt-sixième jour du mois de mai de l'an mil sept cent cinquante-un.

(Sceau).           D'HOZIER.

8 *Décembre* 1638. — Contrat de mariage de noble Charles de Lobit, fils de demoiselle Marie de Poyferré, et Claire de Sebie.

Aujourd'hui, huitième du mois de décembre mil six cent trente-huit, après-midi, en la ville du Mont-de-Marsan, par devant moy, notaire royal soubsigné, presents les tesmoins bas nommés, pactes de mariage ont été faits et accordés entre noble Charles de Lobit, advocat en la cour du parlement de Bourdeaux, et demoiselle Claire de Sebie, habitants de la presente ville, comme s'ensuit : C'est que le dit sieur de Lobit, avec l'advis et consentement de noble Jean de Lobit, conseiller et procureur du roy au siege de Marsan, et demoiselle Marie de Poyferré, ses père et mère, nobles Joseph et François de Lasalle, sieur de Plaisance, noble Pierre de Prugue, sieur de Laroque, sieur François Saubion, les tous ses proches parents et amis. A ces presents, a promis prendre pour femme et legitime espouse la dite Claire de Sebie, demoiselle; reciproquement, icelle Claire de Sebie, du vouloir et consentement de Maître Jean de Sebie, avocat en la cour du Parlement de Bourdeaux, et demoiselle Marie de Lassalle, ses père et mère; noble homme Monsieur Maître Joseph de Lassalle, conseiller du roy et lieutenant au sénéchal, commis au siege de la dite presente ville; noble Joseph de Lassalle, sieur dudit lieu; Maître Jean de Lassalle et Henry de Sebie, advocat en la cour et parlement de Bordeaux, ses oncles, et les susdits sieurs de Cère et de Plaisance, les tous ses parents et amis à ce presents, a promis et promet prendre pour son mari et legitime espoux ledit sieur de Lobit; et le dit mariage les dites parties ont promis solenniser en face de notre mère sainte Eglise catholique et apostolique romaine, à tous jours et heures que l'une partie requerra l'autre. Et pour le support des charges du dit mariage, le dit sieur de Sebie et la dite demoiselle de Lassalle, père et mère de la dite de Sebie, ont constitué et constituent en dot à la dite Claire de Sebie leur fille la quarte partie de chacun de tous leurs biens, meublés et immeubles presents et advenir et desquels ils se trouveront saisis à l'heure de leur décès. — En presence de Jean de la Chapelle, bourgeois, et Jean Duvin, habitant de la dite ville, qui ont signé à l'original avec les dites parties, et moy.

Signé : BAUZÈVE, *notaire royal.*

Le 11 janvier 1639, dans le parquet du sénéchal de Marsan, par devant moy, Joseph de Prugue, conseiller et lieutenant particulier au dit siege, ce requerant Lafitte et du

consentement de Dandiran et Bauzève, lecture et publication du susdit contrat a été faite et de laquelle acte a été
octroyé et le dit contrat tenu pour insinué, etc.

Signé : BAUZÈVE ; DANDIRAN ; LAFITTE ; DE
PRUGUE, *lieutenant ;* et DOSQUE, *greffier.*

---

20 *Août* 1673. *Mariage.* — Aujourd'huy vingtiesme du
mois d'aoust, après midi, mil six cent septante-trois, dans
la maison noble Darricau, paroisse de St-Criq, au siége de
St-Sever, par devant moy, notaire royal soubsigné, présent
les témoins bas nommés, pactes et conventions de mariage
ont esté faits, traités et accordés par parolle de futeurs,
entre noble Charles de Lobit, sieur de Monbal, fils légitime
de Monsieur Me Charles de Lobit, à présent prêtre, docteur
en théologie, promoteur du diocèse d'Aire et curé de la
paroisse de Gen et Betbezer, et feue demoiselle Claire de
Sebie, habitant de la ville du Mont-de-Marsan, d'une part ;
et demoyselle Agne de Capdeville, aussi fille légitime de
noble Anthonin de Capdeville, escuyer, sieur Darricau, et
demoiselle Jeanne de Lartigue, habitants dans la dite maison noble d'Arricau, d'autre ; en la manière qui s'ensuit :

Premièrement, le dit sieur de Lobit, avec le consentement et assistance du dit Monsieur Me Charles Lobit son
père ; noble Bernard de Colonques, sieur de Salles, son
beau-frère, et autres ses parents et amis à ce présents et
consentants, habitants de la dite ville du Mont-de-Marsan
et Malaussanne, a promis et promet prendre pour sa femme
et légitime espouse la dite demoiselle de Capdeville, comme
aussi icelle demoyselle, avec le consentement et assistance
des dits sieurs de Capdeville et demoiselle de Lartigue, ses
père et mère, noble (*on a oublié le nom de baptême*) de
Capdeville, son frère puîné ; noble Bertrand de Momas,

écuyer, seigneur de Souslenx, et demoiselle Suzanne de Capdeville, ses proches parents; sieur Pierre Dutournier, homme d'armes, son oncle, et autres ses parents et amis à ce présents, habitant dans la dite maison noble d'Arricau, Cazalon et Montaut, a promis et promet prendre pour son mary et légitime espoux le dit sieur de Monval. Et le dit mariage, les dites parties promettent faire consommer et parachever par nopces ez fasce de Sainte-Mère, église catholique et apostolique romaine, à toutes heures que l'une partie en sera recquise par l'autre. Et pour support et charges du dit mariage, part et portion de légitime que la dite demoiselle future épouse pourrait avoir et prétendre et luy peult competer et appartenir, tant du chef du dit sieur de Capdeville son père que de la dite demoiselle de Lartigue, sa mère, ils luy constituent ez dot par ces présents la somme de cinq mille livres tournoises de vingt sols chacune.

Faict en présence de Monsieur Me Seg-Frier, docteur en théologie, prêtre curé de Moncla, habitant du dit lieu; François de Labeyrie, prêtre et curé de Bretaigne ; Me Jean Ducassère, prêtre vicaire de Cazalon et Labastide, habitant du lieu de Hagetmau, qui ont signé avec les parties et assistants à l'original des présents, de ce requis par moi :

Dufourg, *notaire royal.*

*Suscription :* 20 aoust 1673. — Mariage entre noble Charles de Lobit de Monval et Anne de Capdeville, demoiselle, fille de noble Antonin de Capdeville.

---

### De Marsan-Lavie *(Voir Armorial, page 346).*

1730. — Martin-Antoine de Marsan naquit le 15 août 1730 et a été baptisé le 16 du même mois, et est fils légitime de Monsieur François de Marsan, seigneur du Hauriet et de dame Marthe-Josèphe Despans ; ses parrain et marraine, Monsieur Martin-Antoine de Brethous et demoiselle Jeanne de Marsan, qui ont signé avec nous et plusieurs autres présents. Fait par nous :

PORTETS, *curé ;* MARSAN père ; Jeanne DE MARSAN ; BRETOUS SEBY, *parrain ;* DE MUGRIET, DESPANS, *présents.*

—

Le 28 septembre 1730, après la publication de bans faite pendant trois dimanches consécutifs à la messe paroissiale et les autres formalités en pareil cas requises, préalablement observées, receurent la benediction nuptiale Messire François de Lavie, escuyer, seigneur de Hong, d'Artos, Lahouse, etc., habitant de la paroisse de Gaujacq, diocèse de Dax, et demoiselle Jeanne de Marsan, habitante de cette paroisse. Présents, Messire Philibert de Commarieu, curé de Gaujacq, qui a fait la cérémonie ; Messire Joseph de Larrhède, seigneur abbé de Pimbo ; Monsieur Pierre de Commarieu, avocat en Parlement, habitant de Bayonne, et noble Bertrand d'Arricau et autres, qui ont signé avec les parties contractantes et nous :

COMARIEU, *curé de Gaujacq ;* LAVIE ; Jeanne DE MARSAN ; MARSAN ; LABARRÈRE ; COMARRIEU, *présent ;* DE CAPDEVILLE D'ARRICAU ; DE LARRHÈDE, *abbé de Pimbo ;* PORTETS, *curé.* (*Registres de St-Sever Cap*).

—

1764. — Jeanne-Anne de Marsan, fille légitime à Messire Bertrand de Marsan Lagouardère et à dame Jeanne de Borrit Saint-Germain, naquit le 16 septembre 1764, et le même jour fut baptisée ; parrain, noble Benoît de Borrit, seigneur de Saint-Germain, lieutenant au régiment de Médoc ; marraine, dame Jeanne de la Vie ; tenue sur les fonts par noble Joseph de Borrit et par demoiselle Jeanne de Borrit, qui ont signé avec nous, non le parrain et la marraine, à cause de leur absence.

D'ABBADIE DE SAINT-GERMAIN, *curé de Montguillem ;* MARSAN, *père ;* DE BORRIT ; DE BORRIT.

—

1767. — Demoiselle Marie-Anne-Adelaïde de Marsan est née et a été baptisée le 7 août 1767 ; elle est fille légitime de Messire Bernard-François de Marsan, chevalier, seigneur de Hautevignes et Puymiclan, ci-devant mousquetaire du roi, et de dame Marie-Angélique de Lacoste ; parrain, Bertrand de Marsan, escuyer ; marraine, demoiselle Marie-Anne de Lacoste, à la place de laquelle a tenu demoiselle Marie Vielcastel qui n'a sçu signer.

TAUSIN, *curé de Saint-Sever ;* MARSAN, *père ;* MARSAN.

—

1768. — Bernard-François de Marsan est né et a été baptisé le 8 octobre 1768 ; il est fils légitime de Messire Bernard-François de Marsan, chevalier, seigneur de Puymiclan et Hautevignes, en sa partie, cy-devant mousquetaire du roy, et de dame Marie-Angélique de Lacoste ; parrain, messire Bernard-François de Castelnau, chevalier, baron de Brocas, à la place duquel a tenu messire Jean de Laborde, chevalier ; marraine, dame Jeanne de Borrit-Marsan, à la place de laquelle a tenu dame Marguerite de Borrit de Junca, qui ont signé avec nous :

TAUSIN, *curé de Saint-Sever ;* MARSAN, *père ;* DE LABORDE ; BORRIT ; MARSAN MEILHAN.

—

1743. — Bernard-François de Marsan, fils légitime de

noble Etienne de Marsan et de dame Angélique de Meilhan, est né le 27 septembre 1743 et a été baptisé le lendemain ; parrain, M. Bernard François de Meilhan (1), lieutenant au régiment de Sienne-cavalerie, à la place duquel a tenu Monsieur Bertrand de Marsan, ci-devant officier d'infanterie ; marraine, dame Jeanne de Marsan de Lavie, lesquels ont signé avec le dit sieur de Marsan, père, et moy :

BAROILHET, vic<sup>re</sup> ; MARSAN père ; MARSAN ; MARSAN DE LAVIE.

---

## Des Periers de Lagelouze (voir l'Armorial, page 380).

### PIÈCES JUSTIFICATIVES.

1658. — Au nom de Dieu, sçaichent tous ceux qu'il appartiendra que cejourd'huy dix-huictiesme jour du mois d'aoust mil six cent cinquante-huit, en la ville de Bellocq, ont esté faicts et passés les pactes de mariage entre les parties et conditions qui s'ensuivent, sçavoir que M<sup>e</sup> Pierre Menault Desperies de Habas, du consentement et approvation de M<sup>e</sup> François Desperies, son père, commissaire de la marine du Ponent, damoiselle Domenge de Bergeron sa mère, toutesfois absents, promettant le dit sieur Desperies père luy faire approuver et ratifier les présents, et aussy du consentement de noble Estienne de Lalande, gouverneur du Chasteau-Neuf de Bayonne et seigneur du dit Fabas ; M<sup>e</sup> Robert Dinnarre, juge royal de Pouilhon ; noble Jean de Rostaing, prestre et curé de Misson ; M<sup>e</sup> Jean Dubosq, prestre ; M<sup>e</sup> Jean Dailhencq et Jean de Lavielle ses beaux-frères ; Jean Darrigran, praticien et autres ses parents et amis, a promis se donner en mariage et futeur époux à da-

---

(1) Bernard-François de Meilhan était lieutenant de cavalerie, noble en 1749.

moiselle Isabeau de Sainte-Croix du dic Bellocq, et pareilhement la ditte Isabeau, du voulloir et consentement de damoiselle Isabeau de Castres, sa mère, et Louise de Sainte-Croix sa sœur, Mes Paul de Paraige, Jean de Lescar, Jacques de Salles et autres ses proches parents, s'est promise donner en mariage et futeure épouse au dit Desperies, et ont promis accomplir leur mariage en face de l'église catholique, appostolique, romaine, un mois après que l'une partie en sera requise par l'autre ; et en considération du dit mariage et pour dot et prétention que la dite Isabeau pourrait avoir tant sur les biens paternels que maternels, la dite damoiselle de Castres, tant par l'ordre de Mes Saubat et Jean de Sainte-Croix (1) ses fils, habitants en Espaigne, que en son propre nom, a promis donner à la dite Isabeau sa filhe et susdits Despériers la somme de neuf cents escus sol à raison de trois livres la pièce, à prendre la ditte somme sçavoir : mille livres a elle envoyées par le dit sieur Saubat pour les employer au payement du dit dot, ainsi qu'elle a déclaré, et le restant sur les biens du dit sieur Jean, paternels et maternels, payables les dites sommes sçavoir : les dites mille livres dans huitaine ou la ditte damoiselle relèvera d'icelles le dit sieur Desperiers vers noble Jean de Lafargue abbé Cassabée duquel elle lui rapportera quittance pendant les jours, à peine de tous dépens dommages et intérêts. Et parce que le dit sieur Desperiers a déclaré qu'il estoit débiteur du dit sieur de Lafargue jusqu'à la concurrence de 2,000 livres et quelques intérêts, a esté convenu que la ditte damoiselle acquittera l'obligation d'icelles, y comprins les dittes mille livres, et en relèvera le dit sieur Des-

---

(1) Jean de Sainte-Croix héritier des biens de la maison de Sainte-Croix, situés tant en Béarn qu'en France.

periers dans trois ans et en mêmes termes et payements
que le dit sieur Desperiers est obligé faire, duquel sieur de
de Lafargue aussy elle luy rapportera quittance année par
année, et à la fin du dit terme quittance générale en reti-
rant l'obligation. Ainsi l'ont juré à Dieu, à Bellocq, les dits
jour et an, ez présences de M^es Michel du Tilh, prestre et
curé de Bellocq ; Jean du Truilh, pbr et curé de Puyo et
Ramous ; Abel de Labaste, chrirurgien de Bellocq, et moi
Jean de Lescar, n^re illec susdit Bellocq, qui a code des
présents ay retenu et signé.　　　　　　　LESCAR, n^re.

*Contrat de mariage entre M. Jacques de Saint-Cristau et
Louise Desperiers, demoiselle, fille de sieur Menault Desperiers et d'Isabeau de Sainte-Croix.*

Articles de mariage entre M. Jacques de Saint-Cristau
prañ, habitant de Moscardes, fils aisné et légitime de M^e Jean
de Saint-Cristau, notaire royal, et de Jeanne Dumont, conjoints, d'une part ; et demoiselle Loise Desperiers, fille
légitime de feu M. Pierre Menault Desperiers, maître ez arts,
et de demoiselle Isabeau de Sainte-Croix, habitants de
Habas ; assisté de Isabeau de Castres, demoiselle, son aïeule,
M^es Pierre de Goueytes Pedamour, notaire royal, lieutenant
de la juridiction Lahontan ; Jean Darrigan, aussi notaire
royal ; Jean Daillenc, Terrehouse et autres. Signés en l'original :

DUMONT, pbr *curé ;* MORAS ; DUMONT ; LOUISE DESPERIERS ;
　　DESPERIERS ; PEDAMOURS ; DARRIGAN, *notaire royal ;*
　　DAILENCQ ; DEHEMOUS ; I. DE SAINTE-CROIX ; SAINT-CRIS-
　　TAU ; L. SAINT-CRISTAU. (1)

(1) Le beau château de Villandraut à Tilh porte sur son fronton les
armes accolées de Saint-Cristau et Dumont, avec la croix de Saint-Louis
sous le premier écu des Saint-Cristau.

**1765. — De Lanevère.** — Aujourd'huy dix-huitiesme du
mois de juin mil sept cent soixante-cinq, après midy, en la
ville d'Ax, par devant nous notaire royal soussigné, présents les témoins bas nommés, pactes et accord de mariage
ont été faicts, traités et accordés entre sieur Bernard de
Lanevère, ancien mousquetaire du roi, fils légitime de feu
Me Jean-Baptiste de Lanevère, vice-sénéchal des Lannes, et
de dame Blaise Decès de Horsarrieu, conjoints, habitants
de la présente ville, assistés de Mgr l'illeutrissime et reve-
rendissime Louis-Marie de Suares d'Aulan, seigneur évêque
d'Ax, conseiller du roi en ses conseils ; de messire Henri
de Suares d'Aulan, chevalier de l'ordre de Saint-Jean de
Jérusalem, maréchal des camps et armées du roy, gouverneur pour sa Majesté de l'île de Ré ; aussi assisté de l'avis
et consentement de Me Pierre de Lanevère, docteur en
théologie, curé de la paroisse de Mimbaste, son frère ;
Me Louis Salomon de Lanevère, aussi docteur en théologie,
ancien curé du dit Mimbaste, son oncle, habitants de la paroisse de Mimbaste ; sieur Pierre Desperiers, garde du corps
du roi, habitant actuellement en la paroisse de Clermont,
son neveu ; dame Cecile de Borda, veuve de Me Bernard de
Neurisse, lieutenant-général au sénéchal d'Albret, siège de
Tartas, baron de Laluque, sa cousine par alliance ; sieur
Jean-Antoine de Borda, écuyer, seigneur de Labatut ; sieur
Jean-Baptiste de Borda, aussi écuyer, ancien capitaine d'infanterie, chevalier de l'ordre royal et militaire de Saint-
Louis ; sieur Jacques-Michel de Bedorède, écuyer, seigneur
de Mées et Montbrun, capitaine au régiment de la reine-
infanterie ; sieur Jean-Pierre Dousse, étudiant en droit ;
sieur Henry-Nicolas de Chapotot, écuyer seigneur d'Agès,
ses proches parents ; Me Jean-Joseph Ducournau, ancien
conseiller et avocat du roy au sénéchal des Lannes, et siège

présidial de cette ville, habitant du dit Dax, et autres ses parents et amis, d'une part ; et demoiselle Marie-Anne Marguerite de Saint-Genès, fille puisnée et légitime de feu M. Me Jean-Joseph de Saint-Genès, conseiller du roi, lieutenant criminel au sénéchal des Lannes, et de dame Nicolle de Saint-Cristau, conjoints, habitants du dit Dax, assistée de M. Me Charles de Behic, prêtre, docteur de Sorbonne et chanoine de l'église cathédrale Notre-Dame de la présente ville, y habitant, au nom et comme fondé de procuration consentie en sa faveur à l'effet des présents par Me Jean de Harran, écuyer, sieur de Borda, seigneur de Montausé et autres lieux, conseiller du roi, trésorier général des Ponts et Chaussées de France, et l'un des fermiers généraux de Sa Majesté, demeurant à Paris, rue Neuve des Capucines, paroisse Saint-Roch ; la dite procuration, datée de Paris, du 25 avril dernier, signée du dit sieur de Harran Borda et de Mes Girauld et Charlié, conseillers du roi, notaires au Châtelet de Paris, scellée le dit jour, laquelle demeura annexée à la présente minute, et aussi assistée de l'avis et consentement de M. Me Jean de Saint-Genès son frère aîné, conseiller du roi, lieutenant criminel de la Sénéchaussée des Lannes, seigneur haut justicier de la paroisse de Goos ; de M. Me Salomon de Saint-Cristau, écuyer, docteur en théologie, ancien curé de la paroisse d'Ouzourt, son oncle maternel, habitants de la dite présente ville ; sieur Jean-Joseph de Saint-Cristau, aussy écuyer, son oncle du côté maternel, habitant de Bennesse ; sieur Pascal Cantin, bourgeois, marchand et trésorier des hôpitaux de la dite ville, et demoiselle Marie-Anne de Lalanne, conjoints, ses cousin et cousine germaines ; et du dit sieur de Lanevère, futur époux du côté maternel, demoiselle Marie Dinnarre, fille, contre épouse de M. Me Jean-Baptiste Boussat de Salles, conseiller

du roi au sénéchal des Lannes et siège présidial du dit
Dax, seigneur d'Ardy et du Gon Bastère, maire de la présente ville; M. Me Bernard de Lafargue, conseiller du roi
et lieutenant en l'élection des Lannes, aussi habitant de
cette ville, et autres ses parents et amis, d'autre; en telle
sorte que le dit sieur de Lanevère et demoiselle de Saint-
Genès, se sont promis comme ils se promettent par ces
présents, de l'avis et consentement susdits, foi mutuelle et
réciproque de mariage, et icelui faire solemniser aux for-
mes ordinaires de l'église à toutes que l'une partie en sera
requise par l'autre, à peine de tous dépens, dommages et
intérêts.

En contemplation duquel présent mariage et pour aider
à en supporter les charges, le dit sieur de Behic, procédant
comme dit est, en conséquence de la procuration du dit
sieur de Harran Borda, fait par ces présents au nom du
dit sieur de Harran de Borda, don et donation entre vifs et
jamais irrévocable en faveur de la demoiselle de Saint-
Genez, future épouse et cousine-germaine de dame Nicolle
de Saint-Crislau, épouse du dit sieur de Harran Borda, et
acceptante, savoir, et en premier lieu, 1o de la somme de
20,000 livres que le dit sieur de Behic au dit nom s'oblige
de payer, etc., sans intérêts, au dit sieur de Lanevère, futur époux;

2o 2,000 livres controllées au profit de feu Jean Detche-
verry, dont le dit sieur Harran de Borda est légataire uni-
versel;

3o La dite demoiselle de Saint-Genez renonce expressé-
ment par ces présents, en faveur dudit sieur de Saint-Jean,
lieutenant criminel, et du sieur Martial Saint-Genez, ses
deux frères, également à tous les droits de légitime et autres qu'elle pourrait prétendre dans les successions des
père et mère communs, fixés à cinq mille livres;

4º Que si la dite demoiselle future épouse décède sans enfants, la susdite dot retournera à Madame d'Hirumberry sa sœur, et, à son défaut, aux enfants de la dite dame, et, à défaut d'enfants, la demoiselle Lalanne, épouse du sieur Cantin, cousine germaine de la dite demoiselle de Saint-Genez, future épouse ;

5º Le dit sieur de Behic, au dit nom, déclare céder et abandonner au même titre de donation à la dite demoiselle de Saint-Genez, future épouse, en faveur du dit mariage et sans aucune garantie quelconque, le droit de retour que le dit sieur de Harran Borda avait réservé pour lui et ses représentants du don par lui fait à la dite dame d'Irumberry par son contrat de mariage passé devant Mᵉ Ducos jeune, notaire royal, le 23 septembre 1757, dûment controllé ; lequel don, si la demoiselle future épouse décède sans enfants, retournera, ainsi qu'il est ci-devant expliqué, pour les avantages à elle ci-dessus faits par le dit sieur de Behic au dit nom. Et, de son côté, le dit sieur de Lane-vère, futur époux, dans le cas où il viendrait à prédécéder, la dite demoiselle de Saint-Genez, future épouse, sans en-fants de leur mariage ou qui en ayant ils vinssent à décé-der avant elle, lui fait don et donation pure et simple en-tre vifs et irrévocable de la somme de douze mille livres par manière de gain de survie et d'augment de dot pour par elle en user et disposer en propriété et en usufruit, ainsi et comme elle verra être à faire, et en outre qu'il y ait des enfants ou non survivants du présent mariage, il déclare lui faire don et donation en usufruit de tous ses biens, meubles et immeubles, en quoi que le tout puisse consister ; et où elle viendrait à être troublée ou querellée dans le dit usufruit, il lui fait don et donation comme ci-dessus de tout ce que par droit et coutume il peut lui don-

ner sans rien excepter ni réserver. Et cas arrivant au con-
traire que la dite demoiselle future épouse vînt à décéder
avant le dit sieur de Lanevère, futur époux, elle déclare
lui faire don et donation aussi en usufruit et par manière
de gain de survie, de tous les dons et avantages résultant
dudit sieur de Harran Borda. Ce que le dit sieur de Behic,
au dit nom et en vertu du pouvoir à lui donné, a approuvé
et approuve par ces présents, veut et consent au moyen de
ce que les susdits droits de retour et de reversion ci-dessus
stipulés ne puissent avoir leur effet et s'exercer qu'après
le décès du dit sieur futur époux, s'il survit à la dite demoiselle future épouse, et sans toutefois que la dite clause
puisse préjudicier à la propriété en faveur de ceux appelés
pour recueillir les dits droits de reversion. Au surplus, la
dite demoiselle de Saint-Genez, future épouse, a très humblement remercié et remercie le dit sieur de Harran Borda
des susdites donations et constitutions par lui faites en sa
faveur.

Fait et passé les dits jour, mois et an que dessus, dans
la maison du dit sieur Cantin, cousin germain de la dite
demoiselle future épouse, située en la place Notre-Dame
de la présente ville ; ez présence de Me Martin Lamothe,
greffier au sénéchal et présidial de cette ville, et M. Jean
Ramon Bordes, commis greffier, ez dits sièges, habitants
de la dite présente ville, témoins soussignés, avec les dits
sieur et demoiselle futurs époux, parents asssistants et
moi. Ainsi signés : Lanevère, futur époux ; Mariane Saint-
Genez, future ; † L. M., évêque d'Acqs ; le chevalier d'Aulan ; Lanevère, curé de Minbaste ; Lanevère, prêtre ; de
Borda Laluque ; Marie Dinnarre ; Desperiers ; Bedorède ;
Dousse ; Chapotot ; Ducournau ; de Borda Labatut ; de
Borda fils ; Behic, chanoine ; Saint-Genez, lieutenant cri-

minel, acceptant la renonciation faite par ma sœur de ses droits paternels et maternels et remerciant très humblement Monsieur de Harran Borda, trésorier général des ponts et chaussées de France, de la donation qu'il a bien voulu me faire ; de Saint-Cristau ; Lalanne Cantin ; Lafargue ; Lamothe ; Cantin ; de Saint-Cristau ; Boussat de Salle ; Ramonbordes ; et Ducos Vieux, notaire royal.

Controllé et insinué à Dax, le 22 juin 1765.

SENIEAN père.

---

## Doyhenart de Tartas.

*Contrat de mariage entre Denis d'Apate Lamothe et Gratianne Doyenard, du 10 février 1658.*

Au nom de Dieu, sachent tous qu'aujourd'huy, dixième du mois de février 1658, après-midi, au lieu d'Etcharry et dans la noble maison de Tartas, par devant moy, notaire tabellion royal, et présents les témoins bas nommés, pactes et conventions de mariage à futeur ont été faits et accordés soubz le bon plaisir de Dieu, en la forme suivante :

Entre noble Denis Dapate Lamothe, escuyer, seigneur dudit lieu et des nobles maisons de Menthe et de Larraton et seigneurie de Misson, habitant du lieu de Cauneille, assisté de Messire Pierre de Salha, seigneur et baron du dit lieu ; de noble Estienne de Lamothe, écuyer, capitaine en chef dans le régiment du Gly, et sieur des maisons nobles de Lasalle et autres ; de ses cousins germains, M. Jean Dulhasc, advocat ez la cour du parlement de Navarre, et de M. Isaac de Hoursolle, praticien, ses alliés illecq présents, d'une part ; et demoiselle Gratiane Doyhenart, fille naturelle et légitime de noble Roger Doyhenart, escuyer, et de demoiselle Gratiane Despelette, conjoints, sieur et dame du dit lieu et de la dite maison de Tartas et autres places, habitants du dit lieu d'Etcharray, aussi assistée et authorisée des dits sieur et dame Doyhenart et Despelette, ses père et mère, et de noble Bernard Doyenart, escuyer, seigneur du dit lieu, son frère ; et de noble Tristan de Hosta, escuyer, seigneur du dit lieu, et de noble Saubat de Logras, ses oncles et cousins illecq aussy présents d'autre ; sçavoir que le dit sieur Dapate Lamothe et demoiselle Gratianne Doyenart seront mary et femme légitime espous et espouse en face de sainte mère Esglise catholique et apostolicque romaine. Et à ces fins seront tenus se présenter à la célébration du dit mariage à toujours et heures que l'une partie en requerra l'autre, comme ils se promettent mutuellement, à peine de tous dépens dommages et intérêts. En faveur et contemplation duquel mariage le dit sieur Dapate Lamothe, tant de son chef que de demoiselle Estienette de Sorhando veuve sa mère, à laquelle il promet de faire approuver et ratifier ces présents à toujours et heures, à peine de tous dépens dommages et intérêts, a promis et promet de rapporter leur dite noble maison de Lamothe avec ses droits seigneuriaux et méteries leur dite maison de Larraton et méterie ; ensemble le droit de rachapt de la noble maison et seigneurie de Misson avec ses dixmes et fiefs et moulins en déppendants et tous leurs autres biens quelconques avitins et acquets, mubles et immubles, réserve la majorie du tout à la dite demoiselle de Sorhando, mère, sa vie durant, et la faculté de portionner avec le dit futeur espoux sur les dits biens leurs deux autres enfants de la dite de Sorhando mère, frère et sœur en outre au sieur futeur espoux des droits et légitimes leur obvenant sur iceulx biens, suivant la coustume de Dax ; comme aussi la dite demoiselle Doyhenart, feuture espouse, du consentement des dits sieur Doyhenart et demoiselle Despelette, ses dits père et mère, a promis et promet de rapporter à la dite demoiselle de Sorhando et au dit sieur Dapate Lamothe, futur espoux, pour dot la somme de 6,000 livres tournois, revenant à huit mille francs bourdelois, à icelle demoiselle future espouse, constituée par les dits sieur Doyhenart et demoiselle Despelette, ses dits père et mère, pour tous ses droits de légitime paternelle et maternelle ou support de son premier mariage d'avec feu noble Dominique d'Ancessale, son premier mari, par leur contrat de mariage du 6 février 1652, reteneu de moy, dit notaire, icelle somme dottalle faite reversible à la dite demoiselle futeure épouse par la dissolution du dit premier mariage et decès de la postérité en provenue ; soy reservant la dite demoiselle futeure espouse les mubles à elle constitués par nom de joyaux par les dits sieur et demoiselle ses père et mère, aussy en support de son dit premier mariage, soy réservant aussy ses biens purafrenals (*sic*) pour sa libre disposition ; laquelle somme de 6,000 livres tournoises la dite demoyselle futeure espouse, du consentement des dits sieur et demoiselle Doyhenart et Despelette, ses dits père et mère, assigne, affecte et hypothèque à la dite demoiselle de Sorhando et au dit sieur Dapate Lamothe, en et sur les sommes de 13,400 livres d'une part, et de 6,500 livres d'autre, dhues par Messire Antoine Roger de Lasalle, baron de Saint-Pée, maréchal de camp aux armées du roy et gouverneur de Donchery, pour le prix de l'achapt de la salle d'Ancessale et de la dixme de la salle de Lisseix, stipulée par dame Cibbie de Gramon veuve, sa mère et procuratrice de feu noble Pierre de Berragaing, par contrat du 26 octobre 1656, retenu par de Bergara, notaire royal; et tel prix d'achapt affecté à la dite demoiselle futeure es-

pouse en ce qu'il est decedé au paiement des debtes anté-
rieures du dit feu sieur de Berragaing et des créanciers
qui ont espéciale hypothèque sur les biens vendus tels
qu'icelle demoiselle futeure espouse en icelle somme de
6,000 livres tournoises, elle fait cession et transport à la
dite demoiselle de Sorhandó et au dit sieur futeur espoux,
sous promesse de caution et garantie, à peine de tous de-
pens, dommages et intérêts. Et en corroboration de ce,
elle promet de leur délivrer à toujours et heures coppie
du susdit contrat de venthe de la dite noble maison d'An-
cessalle et dixme de Lisseix, applicable la dite somme dot-
tale de 6,000 livres par les dits sieur et demoiselle Dapate
Lamothe au rachapt de la dite noble maison et seigneurie
de Misson, possédée à tiltre de rachapt convansionnel par
autrhuy et à la charge d'estre et demurer tels biens ra-
cheptables, especialement afecter et hipotecquer à la dite
futeure espouse ez dits noms, les luy afecter et hipotecquer
dès à présent outre leurs autres biens et causes pour des
dits deux rapports mutuels, usufruitter par les dits futeurs
conjoints sous la dite majorice de la dite demoiselle de
Sorhando et y succéder par les enfants que Dieu leur don-
nera procréer de leur dit mariage, suivant l'ordre de pri-
mogéniture et susdites coutumes d'Ax, sauf aux dits futeurs conjoints d'iceux enfants portionner et de les substi-
tuer l'un à l'autre; et en cas de dissolution du dit mariage
sans enfants, qu'à Dieu ne plaise, ou ayant enfants d'i-
ceux defaillants et de leur postérité, soit avant ou après la
dissolution, la ditte somme dottalle de 6,000 livres tournoises sera reversible à la dite futeure espouse et après
elle aux dits sieur et demoiselle Doyhenart et Despelette
ou leurs heoirs des dites nobles maisons Doyhenart et de
Tartas, suivant la coustume de ce païs de Soulle, aux quelles

fins de reversion casuelle les dites nobles maisons et biens
seus rapportés par le dit sieur futeur espoux, incluse la
dite noble maison et seigneurie de Misson, leur sont et de-
meurent espécialement affectés et hipotéqués comme le dit
sieur Dapate Lamothe, ez dits noms les leur affecte et hi-
potèque par ces présents. Et pour ce que dessus ainsy tenir
et accomplir les dites parties, especialément ont obligé et
hipotéqué leurs personnes et biens, même le dit sieur Dapate Lamothe, ceux de la dite demoiselle Sorhando sa dite
mère, mubles et immubles présens et advenir qu'elles ont
soubmis à toutes rigueurs de justice, renonçant aux rénon-
ciations de droit et de fait à ces présents contraires au cas
requis nécessaire. Et ainsy l'ont promis et juré leur foy et
serment entretenir. Fait ez présence de Me Jean Ditche-
paré, prêtre et vicaire du dit lieu Detcharry, et David Du-
meste, demeurant au lieu de Houns, témoins à ce requis,
qui ont signé la cedle, avec les dits sieur et demoiselle Dapate Lamothe et Doyhenart, contractans futeurs espoux
ensemble les dits sieurs Doyhenart père et fils, de Salha
Lamothe, Hosta Dalhaste, de Logras, P. de Hoursolle, as-
sistans, et non la dite demoiselle Despelette, pour ne sçavoir escrire, de ce requis par moy. Ainsy signé :

DE NAVIÈRE, *notaire royal.*

*(Extrait des titres des Periers de Menthe).*

Nota. — Appert par le testament dudit Me Gratian du Cocorron, du 30 décembre 1663, qu'il avait constitué à ladite Estebenotte 1,500 francs ; et par ledit testament il lui légua 1080 livres et la tierce des biens avitains.

| | | |
|---|---|---|
| Me Gracian de Cocorron épouse en 1res nopces Marguerite Darrigan. | Ledit du Cocorron , 2es nopces ; Marie de Lucat.....................................Jean Desperiers ; Estebenott Cocorron. | |
| Catherine du Cocorron épouse Bernard de St-Cristau, fils ainé de Guilhem-Arnaud de St-Cristau du Conte, de Labatut. | Autre Catherine du Cocorron, ép. Jean de Betbeder, capitaine. | François Desperiers, commissaire de la marine du Ponant ; Domenge de Vergeron (1620). |
| | Arnaud Betbeder, juge de Lahontang. | Pierre Menaud Desperiers ; Izabeau de Ste-Croix (1658)..............................Louise Desperiers ; Jacques de St-Cristau. |
| Marie de St-Cristau épouse Isaac Dappate, escuyer et capitaine. | Jean Betbeder, aussi juge ; une fille mariée avec le sieur Lareilhet de Habas. | Jean Desperiers, président en l'élection des Lannes ; Thérèse de Cazenove. |
| Marthe Dappate épouse Pierre de Lalande, baron de Montaut en 1614. | Me Arnaud Lareilhet, notaire, et ses frères et sœurs. | Jean Desperiers, gentilhomme servant de Madame la duchesse de Bourgogne et ensuite du Roy, au mois de février 1708, n'a point eu d'enfants ; sa femme, N.... de Beaujeu, gouvernante des Enfants de France. |

| Catherine de Lalande épousa Jean de Laborde, écuyer, seignr de Bastanès (1642). | Etienne de Lalande seignr de Favas, ép. Jeanne de Bayle 1684. | Antoine de Lalande-Lamothe, seigneur de Labatut, ép. Marie de Pons. | Joseph-François né et baptisé à Bordeaux, à l'église Saint-André le 16 septemb. 1694. | Pierre, né et baptisé audit lieu, le 23 septemb. 1698. | Elisabeth, née et baptisée à Habas, le 7 mai 1701. | Jeanne, née et baptisée audit lieu, le 22 juin 1702 | Jacques né et bap audit lie le 15 mai |
|---|---|---|---|---|---|---|---|
| Claire de Laborde-Bastanès. | | | | | | | |
| Marthe de Bastanès. | | | | | *Et plusieurs autres enfants.* | | |

Nota. — Bertaune Desperiers, femme de Blandin Duplé Desperiers et mère dudit Arnaud Desperiers, par son t[...] ment du 14 avril 1560 fonda un anniversaire à perpétuité jusqu'à concurrence de 22 s. 6 d. , pour estre célébré par [...] curé ou vicaire de Habas, avec diacre et sous-diacre, le jour de la Conception de Notre-Dame, au mois de décemb[...] assigne cette somme sur la pièce de terre appelée Castalane, qui est vigne, verger, champ et lande. — Et ledit Ar[...] Desperiers, par le sien du 23 may 1607, charge François, son petit-fils, auquel il légua la vigne de Senguinet, de [...] dire des messes annuellement pour le salut de son âme.

DE BASTANÈS. — Le 26 juin 1662, par moy soussigné, a été baptisée Catherine de Saint-Jean, fille de Jean de Saint-Jean et de Marie de Lacarrère. Parrain noble Nicolas de Chambre, baron d'Urgons, conseiller du roy et lieutenant-général de Tartas, et damoiselle Catherine de Bastané, habitant de Labatut. Présents noble Jean Duprat, capitaine dans la garnison de Navarre, et Jean de Trusque, notaire royal, qui ont signé, excepté la marraine pour ne savoir.

Ne CHAMBRE ; DUPRAT, pt. ; DE TRUSQUET ; D'ARNAUDIN, Nre DE LABATUT.

DE BASTANÈS. — Le 24 décembre 1662, par moi soussigné, a été baptisé Pier[...] de Labaste, fils légitime d'Etienne de Labaste et de Marie Dufayet. Parrain, n[...] ble Pierre de Lalande, baron de Montaut et autres lieux ; et marraine, dem[...] selle Marthe Dappate ; faisant pour eux noble Jean de Bastanès, seigneur du [...] lieu, et damoiselle Marthe de Bastanès. Présents : Jean de Bedora et Jean [...] Sarraute ; les tous signés, excepté ledit Sarraute pour ne savoir de ce requis [...] moy. BASTANÈS ; MARTHE DE BASTANÈS ; BEDORA, pt. ; D'ARNAUDIN, Nre DE LABATU[...]

## DES PERIERS (*suite*).

Sçachent tous présents et advenir que cejourd'hui vingt-unième du mois de juin 1626, au lieu et paroisse de Caupenne et maison appelée de Peyrouton, après midy, par devant moy notaire royal soussigné, présents les témoins bas nommés, pactes et accords de mariage ont été faits, passés et accordés par parole de futurs, entre sieur Pierre de Bergeron et Marie de Conègre, demoiselle, sa femme, faisant pour Domenge de Bergeron leur fille, icy présente et consentante, d'une part; et sieur François Desperiers sieur de Lagelouse, fils naturel et légitime de feu noble homme Jean Desperiers et Estiennette du Coucourron, habitants de la paroisse de Fabars, prevosté d'Ax, faisant pour lui avec l'advis et consentement de M. Etienne Dinarre, chanoine de l'église cathédrale d'Acqs; sieur Arnaud Desperiers et autres ses parents et alliés, d'autre; en la forme et manière qui s'ensuit, etc. Et pour l'exécution ci-dessus Dinarre, Desperiers, Me Estienne du Faget, Antoine de Betbeder, juges de Caupenne et de Lahontan; Bertrand Dupoy; Me Menaut Duboscq, écolier, et M. Pierre de Lamothe, procureur en la cour présidiale d'Acqs, habitants d'Acqs, Lahontan, Caupenne, Mugron et Amou, qui ont signé à la code des présents; avec les dits de Bergeron et Desperiers, de ce requis par moy. Ainsi signé :

DE CASAUBIEL, *notaire royal.*

—

Au nom de Dieu et de la très sainte et indivisible Trinité soit fait, sçachent tous présents et advenir que cejourd'hui onzième juillet 1693, après midi, par devant moy notaire royal à Bourdeaux en Guienne soussigné, présents les témoins bas nommés, ont été présents M. Me Jean Desperiers,

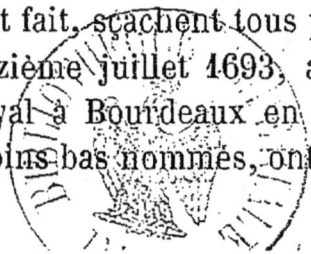

conseiller du roi, président en l'élection des Lannes, habitant de la-ville d'Ax, fils naturel et légitime de feu sieur Pierre Menaut Desperiers sieur de Lagelouse et d'Elisabeth de Sainte-Croix, natif de la paroisse de Habas, sénéchaussée de Dax, d'une part ; et demoiselle Therèse de Cazenoue, fille naturelle et légitime de sieur François de Cazenoue et de Marie-Magdelaine de Serignac ses père et mère ici présents et consentants, habitants du dit Bourdeaux, rue Neuve, paroisse Saint-Michel, d'autre ; lesquelles parties ont promis, s'obligent et seront tenues soy prendre l'un à l'autre pour mary, femme et époux, et entre eux solemniser le saint sacrement du mariage en face de notre sainte mère église catholique, apostolique et romaine, toutesfois et quand l'une partie en sera requise par l'autre, etc. Fait à Bourdeaux dans la maison du dit sieur de Cazenoue, ez présence de M. Mᵉ Estienne de Bougeroux, conseiller du roy, substitut de monsieur le procureur général, Mᵉ Jean-Baptiste Dufourc, procureur au parlement, et Georges Bonnaventure, bourgeois, habitants du dit Bourdeaux, témoins à ce requis, ainsi signé :

DESPERIERS ; THERÈSE CASENOUE ; CASENOUE ; MARIE-MAGDELAINE DE SÉRIGNAC ; RAOUL ; BOUGEROUX ; DUFOURG, BONNEAVENTURE, et moy ainsi signé : LALANNE, *not. royal.*

Vidimées et collationnées ont été les copies par extrait cy-dessus, et des autres parts hérittées par moy notaire royal soubsigné mot à mot sur des copies en forme représentées par sieur François Desperriers, seigneur de Bordenave, ancien garde du roy, etc.

DE LARREILHET, *notaire royal ;* DESPERIERS.

Controllé à Habas, etc., le 25 mars 1747.

S. AMONT OU SAINTAMONT.

Nous Jean Pierre de Brat, conseiller du roy, lieutenant particulier au sénéchal et siège présidial d'Ax, certifions à tous la véritable signature de M. de Lareilhet, notaire royal, en notre hôtel, le 6 mars 1747.

(Sceau).                    DE BRAT, *lieutenant particulier.*

---

**De Rochefort d'Ailly**, DE SAINT-ANGEL, DE THÉOBON, DE MONTFERRAND, ETC., *en Guyenne.*

De gueules à la bande ondée d'argent accompagnée de six merlettes du même posées en orle. Supports, deux anges en soutane bleue de diacre.

**De Saint-Angel**, DE LAFORYE, LA BREDDE, LE PONT, AUX, MORPAIN, MALLET, PUYGERIN, ROUGERIE, MONTBRETON, etc., etc., *en Périgord, Guienne et Limosin.*

D'or à un palmier de sinople supporté par deux lions affrontés de gueules. Supports, deux aïgles; croix du Saint-Esprit appendue au bas de l'écu.

---

**Samper**, *en Labort.*

Escarcelado el primero y postero de oro con tres palos colorados; el segundo y tercero de azul con caldera de oro, con perfiles negros (Martin de Viscay. 1621).

## De Saint-Cristau.

Parti au 1 de gueules au lion d'or ; au 2 d'azur à deux monts d'or sommés d'une étoile de même. Croix de Saint-Louis.

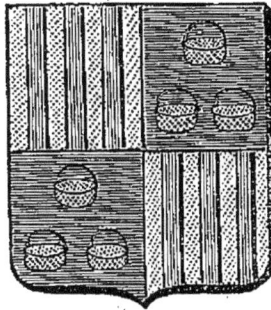

## De Saint-Pée, *en Labourt.*

Ecartelé au 1 et 4 d'or à trois pals de gueules ; au 2 et 3 d'azur à trois marmites d'or deux et un. Devise : Borritz et Aon (*Fortis et bonus*).

## Samper.

Escarcelado el primero ultimo de colorado con tres chevirones de oro ; y en el segundo quartel luna de plata, el segundo de oro palo de plata, y dos vacas coloradas puestas en palo.

*Guyenne*, page 38. — *Bordeaux*, nº 148.

### Alexandre de Sanguinet, *escuyer, advocat.*

D'or à un olivier terrassé de sinople adextré de deux aigles de sable volants et partants des angles, et senestré d'un lionceau de gueules en pointe. (*Guyenne colorié*, p. 257).

---

### San Julian.

De plata con una cruz colorada, como la de Montesa, entre quatro veneras azules, y otra de oro sobre la misma crux.

---

### San Martin de Arberoa.

De plata con vanda colorada de cinco piezas y arminos negros en campo de plata.

---

### Sala de San Palay.

De plata con una cruz colorada, y un leon rapante azul sobre ella.

---

### Palacio de San Pedro (*château de Saint-Pée en Cisse*).

De azur con dos llaves de plata puestas en Aspa.

---

## San Pedro.

De azul con dos llaves de plata puestas en Aspa enlazadas con cadena.

---

## Santa de Engraica (*en Ostavarès*).

De azul con arbol de oro.

---

## Soraburu.

De plata con flordelis colorada y orla tambien colorada.

---

**De Spens** (*Voir l'Armorial, pages 342, 345 et suivantes*).

PIÈCES JUSTIFICATIVES.

Veu la sentence prévostale du vingt-ung juillet mil six cent quatorze, rendue contre Paul Despans, sieur Destignols; les lettres patentes du septième décembre mil six cent quinze et sixième janvier 1616; la requête présentée à la chambre de Nérac par Daniel de Barry et Jean du Codroy, le vingtiesme novembre mil six cent dix-sept; la requête du sindicq de Saint-Sever au parlement de Bourdeaux, du trente janvier mil six cent dix-huit et assignation donnée à la veuve du dit Despanx; aultre requête dressée pour présenter au conseil du roy, au nom du sieur de Poyanne, l'article trente-neuf de l'édit de Loudun et le mémoire envoyé du pays;

Est d'avis le conseil, premièrement : que la recherche du razement de la maison Destignols, en l'an mil six cent quinze, faict au temps des mouvements, n'est nullement recepvable; c'estait une place qui tenait contre le service du roy quy molestait les habitants de Saint-Sever ez hostillités, volleries, courses, prises des marchands, rançonner des prisonniers.

L'edict de razement est fait ensuite d'un jugement de mort rendu prévostalement contre le sieur Destignols pour crime de lèze magesté, par lequel jugement entre autres choses, il est dit que la maison sera razée. Ce quy a esté faict encor en vertu des dittes lettres patentes et soubz la conduite du gouverneur du pays, ainsy qu'il résulte des dits procès verbaux.

Quand à ce que le dit article trente-neuf de l'édict de Loudun remet en ses honneurs et biens le dict d'Estignols, cella ne luy donne pas action pour le prétendu restablissement de sa maison quy n'estait plus lors dudict edict, et fault croire qu'il n'avait pas oublié à le demander, mais il n'a pas esté jugé raisonnable non plus que sy on demandait au dict Destignos la réparation de toutes les ruines quy ont esté faites par lui contre la ville de Saint-Sever ; sy bien que la poursuitte que la vesve et héritiers en font soict à Nérac, à Bourdeaux, au grand conseil ou ailleurs contre quy que ce soit en particulier ou en général, ne vault rien du tout. — (Pièce originale des archives de Saint-Sever ; 20 décembre 1863. — Certifiée conforme : A. C. C.)

———

Inutile de prémunir le lecteur contre l'exagération des passions politiques du temps, et de la partialité dont cette consultation est empreinte. — Le château d'Estignols était rétabli et habité en 1628-1635, et chose singulière, la veuve et les enfants de Paul de Spens sont inscrits comme bons catholiques de la paroisse de Lagastet.

———

L'an mil sept cent soixante-dix-neuf, le treize de juillet,

après la publication des bans de mariage entre Messire
Pierre-Martin-Charles de Bourdeaux, écuyer, seigneur de
Castera et du Balazin, fils légitime de feu Messire Christophe de Bourdeaux, écuyer, directeur de la Monnoye de
Toulouse et des dames Marie Noelles (sic) de Laporte, cy-
devant habitant et directeur de la Monnoye de Perpignan,
et demoiselle Marthe-Josèphe de Commarrieu, demoiselle,
fille légitime de feu Messire Jean-Bruno de Commarrieu,
écuyer, et de dame Marthe-Josèphe de Spens, habitante de
la présente ville. Vu le certificat en forme de la publication des bans faite dans la ville de Perpignan pour la première publication, seconde et troisième publication, signé
par Monsieur Brunet, curé de la paroisse de Saint-Matthieu
de Perpignan ; vu encore la dispense de deux bans accordée le vingt-huit juin, signée Girbeau, vicaire général,
sans avoir découvert au dit mariage d'autre empêchement
que ceux du second au troisième degré de consanguinité et
les parties s'étant pourvues pour la dispense par devant
N. S. P. le Pape ; vu la sentence rendue en l'officialité
du diocèse de Dax du huit juillet mil sept cent soixante-
dix-neuf, expédiée et signée par Darrac, greffier, et insinuée au greffe des insinuations ecclésiastiques du même
diocèse, le même jour, portant fulmination d'un bref de
dispense du second au troisième degré de consanguinité
accordé par N. S. P. le Pape Pie VI aux dites parties contractantes, et la dite demoiselle contractante se trouvant
mineure et sous la curatelle de Messire Jean-Pierre de
Saint-Cristeau, chevalier de St-Louis, ci-devant capitaine
de cavalerie ; vu le consentement du dit sieur Saint-Cristeau, curateur, sans qu'on ait découvert d'autre empêchement ni formé opposition ; — Nous soussigné, curé de la
ville de Saint-Sever, leur avons imparti la bénédiction

nuptiale avec les cérémonies prescrites par la sainte Eglise, en présence de Messire Jean-Pierre de Saint-Cristeau, chevalier de St-Louis, ancien capitaine de cavalerie ; Messire François Destignols, chevalier de St-Louis, cy-devant capitaine dans le régiment d'Auvergne ; Messire Pierre-Augustin de Marsan de Cucurin, chevalier de St-Louis, cy-devant capitaine au régiment d'Auvergne ; Messire Pierre-François Dumartin baron de Benquet, et Messire Jean-Pierre de Coudroy, qui ont signé avec les époux et nous :

BOURDEAU DE CASTERA ; COMARRIEUX DE CASTERA ; DESPENS DESTIGNOLS ; MARSAN DE CUCURAIN ; DÈ COUDROY ; SAINT-CRISTEAU ; BENQUET ; TAUSIN, *curé de St-Sever*.

(Extrait des *Registres de Saint-Sever Cap ;* 6 août 1864.)

---

### D'Uhart, *en Cissa.*

De oro con fasa azul endentada de quatro piezas.

---

### Vizconde de Eschauz.

De plata con fasa azul de tres piezas.

---

# REVUE DE LA NOBLESSE DES LANDES

(De 1600 à 1700).

## A.

Noble Fortanier d'Abadie d'Aydren, escuyer, à Vielle, 1700.

Noble Isaac d'Abadie, escuyer, seigneur de Saint-Germain et de Labeyrie, 1668-1673.

Noble Gratian d'Abadie, escuyer, seigneur de Saint-Germain et de Labeyrie, 1698.

Messire Jean d'Abbadie de Saint-Germain, prestre, docteur en théologie et curé de Montaut, 1700-1713-1720.

Noble Jean-Pierre d'Abadie de Saint-Germain. Tartas, 1702.

Monsieur Hector d'Abbadie de Saint-Germain, escuyer, prêtre curé de Seignosse. Tartas, 22 février 1704.

Noble Charles de l'Abadie, sieur de Gauzies et de Bombardé, 1646.

Noble Henry d'Antin Dourouth, escuyer, 1680-1711.

Noble Raymond d'Antin de Saint-Pée, seigneur de Hong, lieutenant pour le roy au gouvernément d'Acqs, 1615-1638.

Noble Henry d'Antin de Saint-Pée, escuyer, lieutenant du roy des villes et châteaux d'Acqs et de Saint-Sever, 1680-1687-1698.

Noble Charles d'Antin, escuyer, seigneur de Saint-Pée,

lieutenant pour le roy au gouvernement d'Acqs et de Saint-Sever, habitant de la maison noble de Hong, à Gamarde, 1657.

Noble Charles d'Antin, escuyer, baron de Sauveterre, 1680.

Noble Pierre d'Antin, escuyer, baron de Sauveterre, seigneur d'Ars et de Boucosse, 1697-1698.

Noble Jacques d'Antin, seigneur baron de Sauveterre, seigneur de Boucosse, 1682.

Noble Jean d'Aomps (d'Aon), escuyer, seigneur de Hontang, 1698.

Etienne d'Appat, escuyer, habitant de Josse, seigneur de Lamothe, 1625.

Noble Guilhem-Arnaud d'Appat de Lamothe, chevalier de la milice chrétienne, 1625.

Fortanier d'Arbo, escuyer, seigneur de Pedepeyranx, 1643-1650.

Noble Jean d'Arbo, seigneur de Castelmerle, 1629-1642-1650.

François d'Arbo de Castelmerle, escuyer, seigneur de Castera, 1698.

Noble Pierre d'Arbo de Casaubon, seigneur de Castera, 1650-1660.

Noble Pierre d'Arcangues, écuyer à Bayonne, 1698.

Noble Hector d'Armaignac, seigneur de Labeyrie, capitaine au régiment de Conti.

Noble Arnaud d'Armaignac, seigneur de Labeyrie, 1624-1630.

Noble François d'Arracq de Vignes, escuyer, baron de Sault et de Marpats, 1646-1677.

Noble Gabriel d'Arracq de Vignes, baron de Sault et Marpats, 1673-1675.

Noble Henry d'Artiguenave, baron de Vielle, lieutenant d'infanterie, 1693-1700.

Messire Dominique d'Aspremont, chevalier, vicomte d'Orthe, baron de Peyrehorade, Cauneille, Oeyregave, 1680-1710.

Messire Antoine d'Aspremont, escuyer, lieutenant-colonel au régiment de Clérambault, 1670-1696.

Noble Louis baron d'Aspremont, écuyer, 4 nov. 1680.

Antoine d'Aspremont, chevalier, vicomte d'Orthe, 1635.

Noble Pierre d'Auzole, escuyer, sieur de Saint-Julien, le Vigneau et autres places, seigneur de Lamothe, 1606-1609-1624.

Noble Jean d'Auzole, escuyer, seigneur de Sainte-Araille et Horsarrieu, 1638-1645.

Messire Pierre d'Auzole, prêtre et curé d'Aurice et Ste-Eulalie (Sainte-Aulari), 1628.

## B.

Monsieur Pierre de Bachelier, écuyer, seigneur de Gentes, conseiller du roy, directeur des fermes à Dax, 1689-1698.

Noble Jean de Barbotan, sieur du Casse, 1632.

Noble Jacques de Barbotan, escuyer, seigneur de Carrits, 1690-1720-1730.

Noble Charles de Barbotan, escuyer, seigneur du dit lieu, 1632.

Noble Jean-Pierre de Barry, prêtre, vicaire général, escuyer, lieutenant-général au siége de Saint-Sever, seigneur de Castera, 1698-1708.

Noble Jean-Pierre de Barry, escuyer, seigneur de Batz, Castera et Toujun, 1692.

Noble Antoine de Barry, escuyer, 1670-1697.

Noble Louis de Barry, écuyer, seigneur de Batz et Toujun, lieutenant-général au siége de Saint-Sever, 1680.

Noble Benoit de Basquiat, écuyer, seigneur de Mugriet, 1698.

Noble Matthieu de Basquiat, seigneur d'Artigon, 1660-1689.

Noble André de Basquiat d'Artigon, escuyer, seigneur baron de Lahouse, 1689-1720.

Noble Bernard de Basquiat, à Saint-Sever, 5 septembre 1621.

Noble Jean Bon de Basquiat, à St-Sever, 5 sept. 1621.

Noble Jean de Basquiat, sieur d'Artigon, 1683.

Noble Jean-Jacques de Basquiat, sieur de Cauhepé, 1687.

Noble Louis de Batz, escuyer, seigneur de Saintrailles, capitaine au régiment royal d'infanterie, 1674-1696.

Noble Jean-Pierre de Batz Diusse, escuyer, seigneur baron de Diusse et Mascaras, seigneur de Buanes, 1675-1693.

Noble Samuel de Batz, escuyer, seigneur de Gontaud en Marsan et autres places, 1685-1693 (*Trésor de Pau*).

Noble Joseph-Marie de Batz, escuyer, vicomte d'Aurice, baron de Lamothe et le Luy, seigneur d'Escoubès et Ste-Arailles, conseiller du roy, lieutenant particulier au siége de Saint-Sever, 1650-1667.

Messire Antoine de Batz, chevalier, vicomte d'Aurice, seigneur baron de Lamothe, le Luy et autres places, conseiller du roy au parlement de Bordeaux, 1670-1700.

Monsieur Jean-François de Batz, escuyer, seigneur d'Armentieu, 1680-1705-1713.

François de Batz, escuyer, seigneur de la maison noble d'Armentieu, 1650-1693.

Messire Henry de Baylenx, marquis de Poyanne, gouverneur de Dax, Navarrenx et Saint-Sever, lieutenant-général pour le roy en Béarn, chevalier du St-Esprit, 1661.

Messire Armand de Bazin de Besons, évêque et seigneur d'Aire, 1698.

Noble Jacques de Béarn, écuyer, seigneur de Bonace, 1672.

Noble Pierre de Beaulieu, curé de Saint-Martin de Hinx, 1677.

Noble François de Beaulieu, escuyer, seigneur de Benesse, 1640-1660.

Chevalier de Beauveau le Rivau, lieutenant des vaisseaux du roy au département de Bayonne, 1698 (*Armorial*).

Noble Timothée de Bedora, escuyer, homme d'armes à Tartas, 1659-1660-1662.

Noble Bernard de Bedorède, escuyer, sieur de Poy, 1690.

Noble Robert de Bedorède du Poy, sieur de Gayrosse, 1642-1651.

Noble Jean de Bedorède du Poy, prêtre et curé de Saint-Martin de Hinx, 1651.

Noble Bernard de Bedorède, sieur de Montolieu et du Poy, 1651.

Noble Jean de Bedorède, sieur de Norton et de Bessabat, 1649.

Noble Jean de Bedorède, sieur de Saint-Laurent, 1645-1649.

Noble Jean-Robert de Bedorède, 1649.

Noble Pierre de Bedorède, seigneur de Bessabat, 1675-1701.

Noble Pierre-Joseph de Bedorède, escuyer, seigneur de Bessabat, 1680-1718.

Noble Jean de Bedorède, écuyer, seigneur de Gayrosse, 1690.

Jean-Antoine de Bellepeyre, escuyer, seigneur de Misson-Labatut; 30 juin 1641.

Noble Bertrand de Benquet, escuyer, seigneur d'Arblade-Brassal et Bernède, baron de Couhin, Projean et Tauziède, à Montaut, 1632-1663.

Noble Alexandre de Benquet, escuyer, seigneur-baron d'Arblade et Bernède, Couhin, Projean et Tauziède, capitaine dans le régiment de cavalerie légère du colonel Balthazar, 1653-1672 (*Archives d'Arblade*).

Noble Blaise de Benquet, escuyer, seigneur d'Arblade, à Montaut, 1600-1687.

Monsieur Pierre de Bernadet de Lorreyte, escuyer, advocat au parlement, 1712.

Bernard de Betbeder, maître d'hôtel du roi, 1669 (*Pouillon*)

Monsieur Bertrand de Beyries, seigneur de Hauriet, 1693-1702 (*Arrière-ban, Armorial*).

Noble Joseph de Beyries, seigneur de Hauriet, 1680.

Noble Charles de Beyries, seigneur de Hauriet, 1660-1680 (*Archives de Mont-de-Marsan*).

Alexandre-Xavier de Bezolles, écuyer, seigneur de Rimbles, 1698.

Noble Louis de Biaudos Casteja, écuyer, 1650-1698.

Noble Jean de Biaudos Casteja, écuyer, 1670-1690.

Noble Jean Biaudos, écuyer, seigneur de Rostaing, 1696.

Noble Alexandre de Biaudos, seigneur du dit lieu, 1633-1670.

Noble Jean de Biaudos, écuyer, seigneur de Casteja, lieutenant-colonel au régiment de Poyanne, 1653-1675.

Noble Jean-Bertrand de Biaudos, écuyer, 1661-1673.

Messire Jean de Biaudos, marquis de Casteja, brigadier des armées du roy, commandeur de l'ordre de Saint-Louis, gouverneur de Toul. 1660-1696.

Louis de Biaudos, escuyer, seigneur de Casteja, capitaine au régiment de la reine-infanterie, 1670-1696.

Fiacre de Biaudos de Casteja, escuyer, brigadier des armées du roy et son lieutenant, en l'île de Rhé, 1669.

Jean de Biaudos, escuyer, seigneur de Casteja, baron de Laharie et Mezos, 1619-1651.

Messire François-César de Biaudos, marquis de Casteja, lieutenant du roy de Philippeville, 1600-1703 (*Arch. d'Auch*).

Noble Estienne de Borda, escuyer, capitaine de la compagnie de Hastingues et de Sames au régiment de Gramond, 1642-1654-1668, cy-devant cadet au régiment des gardes, compagnie de Brissac.

Noble Bertrand de Borda, écuyer, seigneur de Heugars, conseiller du roy au siége présidial d'Acqs, habitant de Hastingues, 1659-1668-1690-1693.

Monsieur Raymond de Borda, escuyer, seigneur de Heugars, habitant de Hastingues, 1663-1698 (*Arrière-ban et Armorial*).

Noble Jacques de Borda de Hastingues, étudiant et bachelier en Sorbonne, 1668-1680.

Noble Raymond de Borda cadet, au régiment des gardes, 1668-1677.

Noble Bertrand de Borda, escuyer, homme d'armes de Monseigneur de Poyanne et maire royal et perpétuel de la ville d'Acqs, seigneur de Sort, Brutails et autres places, 1602-1627-1635.

Noble Bertrand de Borda, maître ez arts, président et lieutenant-général au présidial d'Acqs, escuyer, seigneur de Josse, Sort, Brutails, Montpribat, 1643-1654-1668.

Noble Bertrand de Borda, escuyer, maire royal et perpétuel de la ville d'Acqs, seigneur de Labatut, 1660-1692-1700.

Noble Jacques-François de Borda, escuyer, maire royal et perpétuel de la ville d'Acqs, et président en l'élection des Lannes, 1643-1657-1668.

Noble Etienne de Borda, escuyer, seigneur d'Oro, 1692-1718.

Messire Pierre-Joseph de Borda, prestre, docteur en théologie, curé de Bastennes, 1680-1713.

Haut et puissant seigneur Messire noble Jacques-François de Borda, escuyer, seigneur de Josse, Sort et Montpribat, conseiller du roy, président et lieutenant général au présidial de la sénéchaussée des Lannes à Dax, 1667-1668-1689-1692.

Philippe de Bordenave, escuyer, seigneur de Bargues, 1698-1700-1712.

Noble Jean-Pierre de Bordenave, escuyer, seigneur de Bargues, 1680-1714.

Jean Bargues de Bordenave, escuyer, 1698.

Noble Pierre de Borrit, escuyer, advocat en la cour, prévost royal de la ville de Saint-Sever, seigneur de Marreing et de Poimignan, 1620-1631-1650.

Noble Charles de Borrit, 1664.

Noble Christophe de Borrit, escuyer, seigneur de Saint-Germain et du Lanas, 1689-1698.

Eustache de Borrit, escuyer, seigneur de Poimignan, 1698 (*Armorial*).

Noble Pierre de Borrit, escuyer, seigneur de Puyo, 1698-1702 (*Armorial de Guyenne*).

Noble Adam de Borrit, 1681.

Noble Jean-Louis de Brahène, 1670-1695-1698.

Noble Martin-Antoine de Brethous, escuyer, à Saint-Sever, 1694.

Noble Joseph de Brethous, chevalier de l'ordre royal et

8

militaire de Saint-Louis et brigadier des gardes du corps du roy, à Saint-Sever, 1690-1724.

François de Brux, escuyer, seigneur de Clèdes et Miramont, 1698.

## D.

Noble Benoit d'Andieu, escuyer, seigneur de Labarrère, à Cazalis, 1660-1675.

Noble Odet d'Andieu, seigneur de Lanneplan, sieur de Labarrère, 1673-1711.

Noble Pierre Darcet, capitaine au régiment de Lorraine, 1686-1705.

Noble Marc-Antoine Darcet, major de Bellegarde ; 1690.

Noble Daniel Dembidonnes, seigneur de la rue d'Espagne, au faubourg de Saint-Sever, 1687-1693.

Daniel Dembidonnes, seigneur de la rue d'Espagne, à Saint-Sever, 1612-1614.

Noble Odet ou Odo Dembidonnes, escuyer, 1685-1720.

Messire Dominique d'Esclaux, prêtre et prieur de Ste-Gemme, chanoine de l'église métropolitaine de Saint-André de Bordeaux et confesseur ordinaire de Monseigneur le cardinal de Richelieu, 1629-1635-1637 (*Archiv. de Mugron*).

Monseigneur Jacques d'Esclaux, évêque de Dax, 1634-1646.

Monsieur Sauvat d'Esclaux, sieur de Nerbis, seigneur de Soube et de Norton, conseiller du roy en la cour présidiale d'Acqs, 1630-1646-1653.

Messire Dominique d'Esclaux de Mesplès, fils à Monsieur de Soube, procureur général au parlement de Navarre, évêque de Lescar, 1638-1640-1680-1689 (*Archives de Mugron et de Saint-Sever*).

Noble Charles d'Estoupignan, escuyer, seigneur de Bonnefont, 1631-1640-1657.

Noble Pierre d'Estoupignan, escuyer, capitaine de cavalerie au régiment de Lagny, seigneur de Projan, Couhin, 1692-1704.

Noble Pierre Destoupignan, prestre, docteur en théologie, archiprestre d'Urgons, 1695.

Noble Matthieu Destoupignan, escuyer, lieutenant pour le roy de la ville et citadelle de Tournay, 1670-1697.

Noble Pierre Destoupignan, maître ez arts, 1684.

Noble Joseph d'Estoupignan, seigneur de Couhin, 1680-1708.

Noble Louis d'Estoupignan, escuyer, 1684.

Noble Jean-Jacques d'Estoupignan, escuyer, 1680-1700.

Monsieur noble Ramon d'Estoupignan, escuyer, sieur baron de Tingon, à Mugron, 1625-1638-1643.

Noble Thomas Destoupignan, escuyer, 1657.

Noble Pierre d'Estoupignan, escuyer, seigneur de Bouilhon et prévost royal de la ville de Saint-Sever, 1604.

Noble Joseph Destoupignan, seigneur de Balasin, Bombardé et Gauzies, 1692-1694-1708.

Messire Bernard-François Destoupignan, prestre, docteur en théologie, archiprestre de Roquefort, 1680-1694-1720.

Noble Pierre Destoupignan, 1633-1652.

Noble Charles d'Eschars, seigneur de Cadrieu, 1690.

Noble Charles d'Estoupignan, escuyer, seigneur de Balazin, 1640-1661.

Noble Jacques d'Eschars, seigneur de la maison noble de Cadrieu, 1661.

Noble Abiathar-Salluste d'Eschars, licencié ez lois, juge des villes d'Aire et du Mas, seigneur de Cadrieu, 1584-1591-1601-1602 (*Archives d'Estoupignan*).

Noble Pierre Ducamp, seigneur d'Orgas, Mellan et de Lasalle du Poy, 1655-1658-1659-1661.

Noble Charles du Haget, seigneur de Magnoac, à Saint-Sever, 1644-1657.

Noble Charles-Joseph du Haget, écuyer, seigneur de Moncube et Sanguinet, capitaine dans le régiment royal, chevalier de Saint-Louis, commandeur de l'ordre de Saint-Lazare et lieutenant des maréchaux de France, à St-Sever, 1657-1695.

Noble Bernard-François de Duhaut, escuyer, capitaine au régiment de Lorraine et chevalier de Saint-Louis, 1680-1720.

Noble Louis Duhaut, escuyer, seigneur baron de Lanneplan, 1650-1670-1676-1680-1693.

Noble Jean Duhaut, seigneur de Lanneplan, 1675-1702-1693.

Noble Matthieu Duhaut, écuyer, seigneur de Lanneplan, 1640-1650-1655.

Noble François du Lien, baron de Marsan, seigneur de Beaumont, Gaube et Peyrelongue, 1708 (*Trésor de Pau*).

Noble Jean-François du Moulin, escuyer, seigneur de Labarthète, 1698.

Noble Elie Dupeyron, escuyer, seigneur de Maurin, 1680-1698.

Noble Nicholas Dupin, sieur de Juncarot, 1643.

Noble Martin Dupin, escuyer, seigneur de Juncarot, capitaine et major au régiment de Tourraine, 1640-1680-1698.

Noble Bertrand Dupoy, sieur de Monicane, ancien gendarme du roy, 1675-1711.

Noble Jean Dupoy, capitaine à Saint-Sever, 1640-1655.

Noble Jean-François Dupoy, sieur de Lasserre, à Tartas, 1660.

Noble Jean Dupoy, sieur de Boué, 1660-1690 (*Archives de Cauna*).

Noble Christophe Dupoy, escuyer et capitaine au régiment de Béarn, 1650-1677-1680.

Noble Jean Duprat, escuyer, habitant de Sainte-Marie de Gosse, 1665.

Noble Hector du Pruret, 1694 (*Saint-Sever*).

Noble Arnaud du Rou, avocat, juge royal de Mauco, 1640-1657-1691.

Noble Christophe du Rou, mousquetaire de la garde du roy, 1685-1701.

Noble Pierre du Vigneau, escuyer, seigneur de Trubessé, Cabidos, Arpleix et Pichebi, 1637-1679.

Noble Elie Duvigneau de Trubessé, escuyer, seigneur de Cabidos, Arpleix et Pichebin, capitaine des bandes gramontoises, 1676-1693-1698.

### F. G. J.

Noble Pierre de Fortisson, escuyer, seigneur de Saint-Maurice et Cazalis, 1670-1702.

Noble Jean de Fos, escuyer, seigneur du Rau et de Castagnet, 1680-1701.

Noble Jean-Charles Gabarra de Sauseigth, à Saint-Sever, 1687.

Noble Pierre de Garnit, escuyer, seigneur de Mugriet, 1658-1660.

Noble Joseph de Garnit, escuyer, seigneur de Mugriet, 1642-1697.

Noble Jean de Girard ou Gyrard, escuyer, seigneur d'Onness, 1614.

Noble Henry de Girard d'Onnesse, ci-devant major dans

le régiment de Larivière, chevalier de Saint-Louis, 1690-1702-1727.

Noble Antoine de Girard, escuyer, seigneur d'Onnesse, 1620-1640-1648.

Noble Pierre de Girard d'Onesse, escuyer, chevalier de Saint-Louis, ancien major d'infanterie au régiment de Lorraine, 1675-1726.

François de Guichaner ou Guichené, escuyer, seigneur de Bonloç, capitaine dans le régiment de Guiché (*Armorial*, 1698, *Arrière-ban*, 1693).

Noble Pierre de Juge, escuyer, seigneur de Castera, 1677-1680-1703.

Noble Guillaume du Junca, escuyer, seigneur de Campaigne, 1629-1653.

Noble Joseph de Junca, escuyer, seigneur de Campagne, 1675-1680.

Noble Charles de Junca, escuyer à Saint-Sever, 1655.

Monsieur noble François de Junca de Morane, à Tartas, 1690-1713.

FIN.

# TABLE

—

www.ingramcontent.com/pod-product-compliance
Lightning Source LLC
Chambersburg PA
CBHW052215270326
41931CB00011B/2364